失序的金融

洞察非理性资本的
运作逻辑

陈思进◎著

ZHEJIANG UNIVERSITY PRESS
浙江大学出版社

图书在版编目(CIP)数据

失序的金融/陈思进著. —杭州：浙江大学出版社，
2019.1

ISBN 978-7-308-18568-4

Ⅰ.①失… Ⅱ.①陈… Ⅲ.①金融市场—研究 Ⅳ.①
F830.9

中国版本图书馆 CIP 数据核字（2018）第 197427 号

失序的金融

陈思进　著

策　　划	杭州蓝狮子文化创意股份有限公司	
责任编辑	黄兆宁	
责任校对	杨利军　刘　颖	
封面设计	孙晓亮	
出版发行	浙江大学出版社	
	（杭州市天目山路 148 号　邮政编码 310007）	
	（网址：http://www.zjupress.com）	
排　　版	杭州林智广告有限公司	
印　　刷	杭州钱江彩色印务有限公司	
开　　本	710mm×1000mm　1/16	
印　　张	13	
字　　数	177 千	
版 印 次	2019 年 1 月第 1 版　2019 年 1 月第 1 次印刷	
书　　号	ISBN 978-7-308-18568-4	
定　　价	42.00 元	

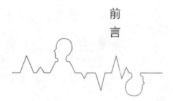

前言

"金融化"能带来财富吗?

耶鲁大学陈志武教授的《金融的逻辑》一书,其主题就是要使财富"金融化",也就是将石油、煤炭和人力资源等财富,转变为货币或金融产品的形式在市场上流通、交易。按陈教授陈述的逻辑,一个社会富裕与否,并不在于财富的多寡,而在于是否将这些财富货币化或资本化,即"金融化";财富"金融化"的程度越高,社会就越富裕,否则即使有财富,也只能是"穷人"。例如当今世界,美国的"金融化"程度比较高,所以相对其他国家更富裕;而中国的"金融化"程度还不够高,因而就不太富裕。

我们必须认清一个事实,社会财富是靠实体经济创造的,"金融化"充其量只能促进社会财富生产或创造的顺畅进行,其活动本身并不生产或创造社会财富。因此,"金融化"被夸大到可以替代整个市场经济体系,并生成社会财富的所有环节一说,是非常可笑的。人们就是"金融化"得再狠些,也无法"化"出衣服、粮食、房子和汽车。最重要的一点,"金融化"的无限扩张必然会带来资产泡沫,导致社会冲突,最终引发金融危机。从以往的南美、日本、东南亚的金融风暴,到 2008 年的全球金融海啸,以及冰岛、迪拜和 2010 年前后希腊的债务危机,一次次清楚地向世人证明了过度"金融化"所带来的后果,充分说明了过度"金融化"对全球的危害。

金融说到底只是服务业,创造出来的最多只是"虚拟财富"。虽然当今美国依靠"金融化"无边界地进行扩张,造就了巴菲特、索罗斯等金融巨鳄,使整个美国"富裕"得史无前例,但说到底这都是华尔街站在金融金字塔的最上端,依靠美元的特殊地位造就的,其他国家根本无法复制。

根据圣路易斯联邦储备银行公布的美联储经济数据,2017 年美国的财政赤字、欠债金额的最新数据已达到天文数字,总债务(公司债务 + 私人债务 + 国债)共计约 67.8 万亿美元,平均每个美国人欠 20.8 万美元,折合人民币的话人人都是百万"负"翁。而联邦国债已近 21 万亿美元,每年单支付利息就要用去财政收入一半以上,眼看将无以为继。难怪连一向"护犊子"的标普也不得不有史以来首次下调对美国国债的评级展望。

这就是"金融化"的结果。就连美国前总统奥巴马都公开承认,目前的赤字消费将"无以为继,我们必须为借贷付出利息,那就意味着我们在用我们子孙的未来做抵押,让他们还更多的债……"

华尔街不惜一切代价所推动的是一种金融体系,但更是一种垄断的权力体系。当人们对以金钱作为中介的依赖越来越严重时,那些握有权柄的人就越来越乐于创造金钱,并滥用这种权力来决定谁能得到金钱。依靠这一体系创造的并不是社会的真正财富,而是海市蜃楼,美国和迪拜的房市泡沫就是最好的例证。

那些参与"缔造财富"的金融机构的权贵们,用金融资产搭建了一座债务金字塔,用光怪陆离的衍生证券,在杠杆的作用下,将"财富"魔术般地变了出来,然后以虚拟的超额利润,收取超高额的管理费,制造了一个个完美的庞氏骗局——不断用后来之人的钱,去填补前面的窟窿。当借款人开始拖欠债务或者无法偿付贷款时,泡沫破灭,"财富消失",债务金字塔瞬即崩溃。而站立在金字塔顶端"缔造财富"的魔术大师,早就把底层进场的财富装进腰包开溜了,留下一片残垣废墟(无法偿付的债务黑洞)。

对华尔街放松管制,使人联想起大海被冒险家和武装船队统治的时代。想当年,国王授予海盗法律豁免权,以换取应得的一份战利品。实际上"冒险家"是海盗的另一个富有色彩的名字,即彻底的自由主义者,他们为寻求个人财富制定自己的游戏规则,就像华尔街在自己的空间表现"自由市场"这一资本主义最完美的形式一样;"武装船队"就是公开上市公司的前身,华尔街对冲基金经理、外汇交易员、经纪人和投机财富的炒家就是当今的冒险家,华尔街银行是武装起来的船队,经济是他们的海洋,上市公司是他们用以掠夺财富的船只,纸壳子般华丽的金融体系是他们进行掠夺的武器,而国家则变成了他们的奴仆和监护人。

这种华尔街"金融化"模式根本就是鸦片,毒素已然侵蚀到个人、社会,乃至整个人类。因为华尔街的本质,就是利用复杂的交易扩大增厚财富的蛋糕(不管财富是否掺水),然后采用不道德的手法剥夺社会财富,以最大限度地扩大个人的金融收益,从而最大限度地加以攫取。

华尔街的"金融化"之所以不能成为一般逻辑而为他国所效仿,最特殊之处就在于美元的国际货币地位。长期以来美元的国际货币地位使美国通过货币霸权大量地占有别国的资源、商品和劳务。更令人愤怒但又无可奈何的是,美国还通过各种国际组织,包括世界银行和 IMF(国际货币基金组织)等,以国家强权形式阻止其他国家的美元储备对美国商品和劳务的自由购买,迫使其他国家的美元储备大量增加,而美国则越来越长期地、大规模地占有别国的资源、商品和劳务。与此同时,美国又通过所谓的"金融产品",如国债来吸收他国的美元储备,转移华尔街日积月累的金融风险,更以金融市场复杂的汇率游戏,巧取豪夺他国的财富。

因此,美国的"金融化"中相当大的部分,是由美元的特殊性带来的"金融创新",是在向别国转移其风险和对他国进行财富掠夺,说其是一种普世可用的"金融逻辑"实在是站不住脚。如果哪个国家强行地推行这样的逻辑,结果必定是出现"金融怪胎"而贻害推行国本身。

以近些年来中国和美国的经济贸易往来为例。中国人出售了大量商品和劳务给美国,中国人得到了什么?得到了美国人印制出来的美元货币。这在美元作为国际货币的格局下,是自然而然的事情。然而,不论按照什么样的理论和原则,得到美元的中国人,应当也必须到美国去购买美国的商品和劳务,以完成真实的经济交易,从而得到国际贸易的好处,构造实实在在的国际自由贸易往来。

但是,号称以自由市场制度为精神支柱的美国人则以种种理由让中国人买不到想要买的东西,自然资源不卖,高科技不卖,工商企业不卖,银行很小比例的股份也不卖。在美国人越来越大规模地享有中国商品和劳务的同时,中国的美元储备大量增加。从这个角度上讲,中国外汇储备特别是美元储备的巨大增长,在相当大的程度上并不是主动的,而是"被迫的"。

为了减轻中国等国家美元储备大量增加对美国未来商品和劳务市场的巨大冲击,美国人一方面加大美国国债在市场上的流通量,让中国等国的美元储备不得不大量地变换为"美国国债资产",在让中国人心理上认为"美国国债安全",从而稳定地保有美元储备的同时,实际上让中国人越来越大量地与美国政府一起承担起了美国政府乃至于整个美国社会经济的风险;另一方面,美国人又大规模搞起所谓的"金融创新",弄出了大量的"金融衍生产品",再吸收掉部分中国和他国的美元储备。这样做的结果,就是明明白白地将美国人在美元上面的金融风险,轻而易举地转移到了中国等其他美元储备量大的国家身上,并且美国随时都可能消融掉这些美元资产的价值,进而永久性地掠夺中国等他国的财富。就在这次发端于美国的金融危机中,购买了大量美国国债和金融产品的美元储备国,大多遭受了巨额的实际价值损失,而且对于未来的损失走势也无法预测。仅仅2008年中国国企和华尔街金融衍生品业务的浮亏就可能高达上千亿美元。

让我们再设想一下,这样的"美国金融逻辑"如何能够作为一般的"金融逻辑"在他国演进?

以中国为例,在人民币还不是国际货币,他国根本不可能将其作为储备货币进行保有的情况下,中国的"金融化"无法让其他国家来承担中国"金融化"的巨大风险,更谈不到"化"来他国的财富。

就金融层面来说,美国即使有美元霸权等特殊优势,也阻止不了金融危机的发生,更经不住过度"金融化"带来的金融危机对整个美国社会的冲击,更何况没有那种优势的中国,又如何避免得了过度"金融化"带来的危机,更如何承受得了危机带来的社会财富巨大毁损?!

总之,"美国金融故事"只能是一个发生在美利坚大地上的故事,在中国的土地上复制不了这个故事。如果非要强行复制,那只会带来灾难。

目
录

第一部分 投资的真相

第二部分　击鼓传花的游戏

第三部分　窃国者诸侯

第四部分　不做接盘侠

12　拒绝杠杆诱惑

13　多投资，少投机

14　用好时间"魔力"

第五部分　理财第一秘诀：避开骗局

15　古今中外的庞氏骗局

16　有史以来最大的庞氏骗局

17　别做击鼓传花的最后接手人

第一部分

投资的真相

01

交易是一场失败者的游戏

人性本身固有的弱点就是贪婪、恐惧、追求控制欲、追求完美、患得患失、目光短浅、懒惰、冲动、无节制。所以，交易者是天生的失败者。

即便人性的固有弱点可以经过训练在一定时间内、一定程度上弱化、隐藏，让其变得不重要，不至于影响交易——成功的交易者都是训练有素、养成好的思维习惯和行为习惯的人——但他们依然无法从根本上克服人性的弱点。如果彻底克服了，他们就不是人了。

天生的失败者

任何交易方法、技巧都是建立在哲学思想，即对世界、对宇宙的看法之上的，有什么样的哲学思想就有什么样的交易方法，交易方法不外乎就是哲学思想的外在表现形式。

市场的本质是什么？

市场本质之一：非线性或随机性。这是绝对的属性，是全局的、恒久的、所有层面的；而线性或者规律性是局部的、暂时的、有限层面的。

市场本质之二：时间。没有时间的推移，就没有价格的波动，没有价格的波动也就无所谓市场。时间是价格运动的载体。

基于市场的以上本质，交易本质上是一个失败的游戏。为何这么说？我们先看看人性的本质是什么。

人性本质之一：人性本身固有的弱点就是贪婪、恐惧、追求控制欲、追求完美、患得患失、目光短浅、懒惰、冲动、无节制等，所以交易者是天生的失败者。

人性本质之二：人性的固有弱点可以经过训练在一定时间内、一定程度上弱化、隐藏，让其变得不重要，不至于影响交易——成功的交易者都是训练有素、养成好的思维习惯和行为习惯的人——但他们依然无法从根本上克服人性的弱点。如果彻底克服了，他们就不是人了。

人性本质之三：一个坏习惯往往是一个舒服的习惯，很自然就形成了；而一个好习惯往往是一个不太舒服的习惯，需要刻意地锻炼才能养成。好的东西容易被破坏，好的习惯随着时间、背景、境遇的改变，也呈现出耗散结构。比如小学生做早操一板一眼，很认真；到了中学就开始有点变形、偷懒了；再到了大学更是敷衍了事。

由市场和人性的本质，可以推导出市场与交易者力量对比的悬殊性。

悬殊之一：市场的资本是无限的，而交易者的资金极其有限，就好比你和一个永远无法战胜的巨人打架，退出的方式只有两种：放弃或者被消灭。交易者只能在局部、暂时、某个层面上取得一定的优势。

悬殊之二：市场的时间是无限的，而交易者的时间、精力和运气都是有限的，就像每个人的运动能力都有巅峰期，过了巅峰期，自然就走下坡路，无人例外。如果你在过了巅峰期之后，仍然不限制交易头寸规模或者干脆功成身退，那么只能被市场所消灭。

悬殊之三：交易者无法一次性成功，但可以一次性失败。由于人性的贪婪和盲目自我膨胀，当取得一次巨大胜利之后，交易者往往并不认为这是市场的恩赐，而归结于自己的天才，于是无论赚了多少钱，非但不会罢手，还会变本加厉。而一次满仓加上对市场的偏见，就会带来灭顶之灾。赢无法快速实现，输却可以瞬间到来。

悬殊之四:市场的本质是随机性,这也就意味着,市场在大部分时间里都是适合亏钱的,而只有小部分时间是适合赚钱的。但交易者则希望大部分时间交易,小部分时间休息,结果可想而知。

螳螂捕蝉,黄雀在后

于是,在这场注定失败大于成功的交易博弈中,市场总是处于上风,道理不难理解,你可以改变交易的技巧,但无法改变人性与交易的本质。

为什么这么说呢?我们来看两个故事。

1. 第一个故事

一个农夫进城去卖驴和山羊,山羊的脖子上系着一个小铃铛。三个小偷看见了,一个小偷说:"我去偷羊,叫农夫发现不了。"另一个小偷说:"我要从农夫手里把驴偷走。"第三个小偷说:"这都不难,我能把农夫身上的衣服全都给偷来。"

第一个小偷悄悄地走近山羊,把铃铛解下来,拴到驴尾巴上,然后把羊牵走了。农夫在拐弯处四处环顾了一下,发现山羊不见了,就开始寻找。

这时第二个小偷走到农夫面前,问他在找什么,农夫说自己丢了一只山羊。小偷说:"我见到你的山羊了,刚才有一个人牵着一只山羊向这片树林里走去了,你现在快点去追,还能抓到他。"农夫恳求小偷帮他牵着驴,自己去追那丢失的山羊。而这第二个小偷,就乘机把驴给牵走了。

农夫从树林里回来一看,驴也不见了,就在路上一边走一边哭。走着走着,他看见池塘边坐着一个人,也在哭,农夫就问他发生了什么事。

那人说："人家让我把一口袋金子送到城里去，实在是太累了，我就在池塘边坐着休息，结果睡着了，睡梦中把那袋金子给推到池塘里去了。"农夫问他为什么不下到池塘里把口袋捞上来。那人说："我不会游泳，谁要把这一口袋金子捞上来，我就送他二十锭金子。"

农夫大喜，心想："正因为别人偷走了我的羊和驴子，上帝才赐给我幸运。"于是，他脱下衣服，潜到水里，可是他无论如何也找不到那一口袋金子。当他从水里爬上来时，发现衣服不见了。原来第三个小偷把他的衣服偷走了。

这个故事就揭露了人性的三大弱点：大意、轻信和贪婪。

2. 第二个故事

有个人听说股票市场好赚钱，就满心欢喜地冲入市场，成为新股民。在嘈杂的市场中，有三个"无名氏"看见了他。其中一个说："这个月的烟酒钱，我要让他给我送来。"另一个说："我家孩子这个月结婚，我要让他高兴地给我送个大红包。"第三个说："这点小钱算什么啊！年底，我们一家人去国外旅游购物，要让他高兴地找朋友为我去凑钱！"

第一个"无名氏"将一只小盘股票的走势，做出了极为漂亮的双底形态。该股民一见，心中乐开了花，心想："这预示着让我开门红啊！"于是兴奋地买入。可没想到，股票非但没有上涨，反而掉头往下，开始了新的一次探底。此时股民才知道，原来股票的走势，除了有双底之外，还可以有三底、四底和 N 底之说。可现在又能怎么办呢？只能是割肉！

此时，第二个"无名氏"出场了。他主动找到股民，免费给他讲课，分析他遇到的问题，指出他的不足，并特别让他看看自己公司研制的股票软件是如何神奇地显示出股票的买点与卖点，还诚恳地告诉他："工欲善其事，必先利其器。"然后说："你看我们之所以可以在市场中大赚特赚，就是因为我们运用了公司研制的这款高科技的秘密武器。同时，我们还有个顶级的实战团队。有了我们这样的条件，你想不赚钱都难!""无名氏"还悄悄告诉他，这几天，公司正好搞活动，买软件就可以免费参加专家团的电话实盘指导。

股民是打心眼里兴奋啊，由衷地感到相见恨晚，极为爽快地购买了上万元的高科技股票分析软件。

团队的专家老师起初倒是很热情地打来电话指导买卖，可这样的指挥，却总是与市场中股票的走势不合拍。经常是，刚买进，股价就跌，按专家说的，赶紧止损后，股价却开始大幅飙升。要不就是按专家的指导反复补仓，可结果却是买入，被套，再买入，再被套，直至被深深地套牢。而此时再去寻求专家帮助的时候才发现，那专家竟然失踪了。询问公司，公司说，那人辞职了。要想弥补损失，就必须再加钱将这款普通版的软件升级为机构专用的钻石版，这样才可以得到一些内部消息。此刻的股民，真的是无奈了。

第三个"无名氏"看到这里，暗暗地笑了:"看你们两个真是雕虫小技，这样累不累啊!"他暗暗在一些场合编造舆论，宣称某上市公司有个新发明，用普通的水，加上其自主研发、科技含量极高、具有独家知识产权垄断的一种溶剂，就可以轻松地将水转变成汽油，成本费用之低难以想象，而利润空间之大则难以估计。"无名氏"就把这样天大的好消息，利用市场中的"好心人"在市场上"悄悄地"传播着，"好心人"还热情地分析:"甭看现在股票涨了不少了，那是拉高建仓呢。该公司有这样巨大的利润空间，以后股票那涨高的幅度，恐怕你都不敢想啊。"

股民听后大喜!心想:"老天这是看我可怜，给我机会赚钱啊。"于是乎，股民将家中仅有的一点积蓄一次性全部投入，又东拼西凑从亲戚朋友那里借了钱，孤注一掷加大数量重仓杀入，就是为了抓住这一千载难逢的良机将自己前几次的亏损弥补回来，并一夜暴富。

其结果是，到现在已经一年多了，股民还站在高高的股价山顶上，在苦苦的内心煎熬中四处探寻着下山的路呢！

这就是在股市投资中最容易被利用的人性的三大弱点：大意、轻信、贪婪。

人性千年不变

因此，在投资者面前，处处是陷阱，这就不难理解美国纽约里萨兹财富管理公司（Ritholtz Wealth Management）机构资产管理总监本·卡尔森（Ben Carlson）在其著作《投资者的心灵修炼》（*A Wealth of Common Sense*）及同名博客中明确表达的观点："在投资这个问题上，知道如何不亏钱比知道如何赚钱更重要。这就是金融风险管理的重要性所在！"

卡尔森认为，最优秀的投资者知道如何走自己的路。"这并不意味着他们当下所做的每个决定都是正确的，实际上这也是不可能的。但随着时间推移，只要做出足够多的好决策并减少必要的失误，成功的概率自然就会比其他人高很多。"这听起来很简单，实际上却并非如此，卡尔森指出，投资者总是重复地在犯基本错误，例如追涨杀跌。

卡尔森总结的投资失败者的七大特点是：

1. 希望一夜暴富

记住，那些到处做广告号称能让你快速致富的人，你都可以将他们屏蔽了，就算他们真的这么厉害，他们也不会愿意把秘诀告诉别人。

2. 在没有既定计划的情况下投资

这是失败的一大"保证"因素。这意味着投资者要在紧急情况下依赖直觉做出判断,而成功者恰恰相反。

3. 不独立思考

有时候多数人的观点是对的,但每次大的金融泡沫都是由一大批认为资产将不断升值的人引发的。当多数人的观点错误的时候,灾难将不可避免地到来。

4. 注重短期回报

因地缘政治及新闻周期而重视当下事件是很容易的。但是,这些事通常不在投资者的控制范围内,且发生速度很快,投资者也不可能确切知道市场每天因何而动。

5. 关注那些不在你控制范围内的东西

例如面对上一条提到的新闻事件,成功的投资者关注的是理性的资产配置,降低成本及明确自己的风险承受能力。

6. 将市场个人化

这种情况往往伴随着把自己的失误归咎于别人,而不是探究是否存在战略性错误。问题并非出在市场身上,而是与你个人有关。当损失来临时,成功的投资者能坦然接受,因为他们知道这是不可避免的。

7. 否认个人的局限性

"过度自信是最大的财富毁灭因素之一。"这也就说明为什么多样化是很重要的,因为它为任何错误都提供了余地,类似本杰明·格雷厄姆的"安全边际"。

四个危险想法

彼得·林奇在一次经典演讲中,重点谈到了他对股票认识的十个要点,他表示:"这些要点对我而言关系重大,并且我认为它们对试图在股市中赚钱的人也有重要的作用。"其核心观点是股票市场常见的四个最危险的说法。

危险说法一:既然股价已经下跌了这么多,它还能跌多少呢?

"差不多在我刚开始为富达工作的时候,我很喜欢凯泽工业这只股票。当时凯泽的股价从 25 美元跌至 13 美元。那时我就使用了'危险的说法一'这条规则。我们进行了美国证券交易历史上规模最大的一宗单一交易。我们要么买入了 1250 万股,要么就买入了 1450 万股,买入价是 11.125 美元,比市场价格低 1.5 美元。我说:'我们在这只股票上面做的投资多好啊!它已经下跌至 13 美元。从 25 美元跌到这个水平,不可能跌得更低了。'但它跌到了 11.125 美元。

"当凯泽的股价跌至 9 美元的时候,我告诉我母亲:'赶紧买,既然股价已经下跌了这么多,它不可能跌至更低。'幸运的是,我母亲没有听从我的建议,因为股价在接下来的 3 个月跌至 4 美元。

"凯泽公司没有负债,并持有凯泽钢铁 50%的股份,凯泽铝业 40%的股份,凯泽水泥、凯泽机械以及凯泽广播 30%的股份……该公司共计持有 19 家子公司。在那个时点,由于股价跌至 4 美元,1 亿美元可以把整个公司买下来。

"回想那时,一架波音 747 飞机的售价是 2400 万美元,那时凯泽工业公司的市值可以买下 4 架波音 747 飞机。该公司没有负债,我不担心它会破产。但是我买入得太早了,我们不能买入更多的股份,因为我们已经达到了上限。

"结果这只股票成为一个极好的投资,最后每股的价值是 35 美元或 40 美元。但是,仅仅因为一只股票的价格已经下跌很多而买入不是一个好的投资思路。"

危险说法二:我能赔多少?股价只有 3 美元。

"第二条危险的说法非常重要,我永远都能听到这个说法:'我能赔多少?股价只有 3 美元。'

"现在我们来做个算术,回到我们基本的数学知识。如果你买入两只股票,一只股价为 60 美元,另外一只为 6 美元,你在这两只股票上面各投入 1 万美元,如果它们的股价全都跌至零,你赔的钱完全一样。这很明显,结果就是这样。可人们就是不相信这一点。

"很多人经常说:'天啊,这群笨蛋竟然买价格为 60 美元的股票,我买的股票只有 6 美元。我这个投资多好啊。'但是,注意观察那些通过卖空股票赚钱的人,他们不会在股价达到 60 美元或者 70 美元并且仍然处于上涨通道的时候卖空这只股票,而是选择在股价下降的过程中杀进来,在股价跌至 3 美元的时候卖空,那么是谁在接盘这些人卖空的股票呢?就是那些说'股价只有 3 美元,还能跌到哪里去'的人。"

危险说法三:最终,跌下去的全都将反弹回来。

"以 RCA 公司为例。它曾经是一家非常成功的企业。RCA 的股价反弹回 1929 年的价位用了 55 年。可以看出,当时它的估值泡沫有多大。所以抱牢一只股票并认为它终将反弹到某个价位的想法完全行不通。加斯迈威集团(Johns Manville)、移动房屋公司、双排钮针织服装公司、温彻斯特公司(Winchester),记住这些公司,它们的股价跌下去之后就永远没有反弹回去。不要等待这些公司的股价反弹。"

危险说法四：当股价反弹到 10 美元的时候，我就卖出。

"一旦你说这句话，股价永远不会反弹到 10 美元——永远不会。

"这种情况发生了多少次？你挑选了一个价格，然后说，'我不喜欢这只股票，当股价回到 10 美元的时候，我就卖出'。这种态度将让你饱受折磨。股价可能会回到 9.625 美元，但你等一辈子可能都等不到它回到 10 美元。如果你不喜欢一家公司，不管你当时的买入价是 40 美元还是 4 美元，如果公司成功的因素不在了，如果基本面变弱，那么你应该忘记股票以前的价格走势。

"希望和祈祷股价上涨没有任何用处。我曾经试着这么做过，没用。股票可不知道是你在持有它。"

02

股市是被操纵的赌局

　　金融圈是一座城，这座城里聚集天下财富，诱惑不尽，一朝得势便会富甲一方。 城外的人看多了布衣进去、官爷出来的例子，总是想方设法地往城里挤；城里的人看多了八抬大轿进来、五花大绑出去的例子，总是在诱惑与风险中衡量着是否要逃出去。

金融市场的一个寓言

有一个商人来到一个山村，村子周围的山上全是猴子。商人就和村里种地的农民说，我买猴子，100 元一只。村民不知是真是假，试着抓猴子，商人果然给了 100 元。于是全村的人都去抓猴子，这比种地合算多了。很快商人买了 2000 多只猴子，山上猴子已很少了。这时商人又出价 200 元一只买猴子，村民见猴价翻番，便又纷纷去抓，商人又买了，但这时的猴子已经很难抓到了。商人又出价 300 元一只买猴子，但猴子几乎抓不到了。这时商人出价到 500 元一只，但山上已没有猴子，3000 多只猴子都在商人这里。

这天，商人有事回城里，他的助手到村里和农民们说，我把猴子 300 元一只卖给你们，等商人回来，你们 500 元一只卖给商人，你们就发财了。村民疯了一般，砸锅卖铁凑够钱，把 3000 多只猴子全买了回去。

助手带着钱走了，而商人也再没有回来。村民等了很久很久，但仍坚信商人会回来花 500 元一只的价格买他们的猴子。终于有人等不及了，因为猴子还要吃香蕉,这需要费用啊,他们就把猴子放回了山上,山上仍然到处是猴子。

这就是传说中的股市!

这就是传说中的信托!

这就是传说中的黄金市场!

这就是传说中的比特币!

最后,这将是传说中的楼市!

金融圈是什么?

金融圈是一座城,这座城里聚集天下财富、诱惑不尽,一朝得势便会富甲一方。城外的人看多了布衣进去、官爷出来的例子,总是想方设法地往城里挤;城里的人看多了八抬大轿进来、五花大绑出去的例子,总是在诱惑与风险中衡量着是否要逃出去。

股市,说穿了就是一个合法的赌场,既然是赌场,就说明不管是庄家还是散户,心里都有个赌鬼,只不过身份不同。

我在华尔街一线待了十六七年,深感好些金融市场太黑暗,有很多猫腻儿。散户在股市中的胜算太低了,能有 10% 就不错了。

不分红就是鼓励投机

一些 A 股上市公司自上市以来从未分红,被市场称为"一毛不拔"的"铁公鸡"。据媒体统计,截至 2015 年年底,这类上市公司数量高达 273 家,其中有 90 家未分红的时间超过了 10 年,1992 年上市的金杯汽车、中毅达更是 23 年来"一毛不拔"。

当然,由于分红导致企业价值降低,会出现股票价格相应降低。因此也有人会问:分红降低了股价,不是羊毛出在羊身上了吗?

事实并非如此,分红能说明企业真实的盈利、现金流等状况,丰厚的分红很显然会成为企业前景预期的风向标,事实证明恰恰在分红的当天股价都会被推高。

要知道,企业只是把净收入的一部分用来分红,其净收入的增长应该远远高于分红。因此,企业每年在分红的同时,自身价值也在不断增加,这自然带动了股票价格的不断上升。而投资者更可以将获得的红利进行再投资,买入更多的股票来实现复利效果,投资的增值速度是很可观的。

在股市中,投资是指你买入股票并希望得到定期的股息分红,并不在意股价短期的涨与跌,其收益来自投资标的所创造的财富。而投机是指你买入股票后,希望通过低买高卖(或做空)来赚取差价,其收益来自另一个投机者的亏损。

在一个健康的股市中,股票必须是货真价实的分红,而非把股价砍下一截的假分红。只要分红略高于银行利息,就能稳定股价。如果参与市场的多为投资者,上市公司又都能按 P/E 值(市盈率)的比例来分红,便可以为广大投资者带来真正的回报,也会吸引退休金和养老基金入场,使股市进入良性循环,减少甚至不出现股价泡沫,以此确保市场的有效性和稳定性。

"拉高出货"的骗局

互联网问世以前,股民之间的交流渠道相当有限,基本上就是口头交流。地点要么是在证券营业大厅,要么是在自己家周围的小巷弄口。虽然电视台每天也会播放股市行情与评论,但很难产生互动。

网络时代彻底打破了人与人之间交流的屏障。地域不再成为局限,每个人的真实身份也都可以被隐藏。以股票为主题的讨论区自然更是热火朝天。掌握大量上市公司内幕消息的"线人"、行情研判能力出类拔萃的"牛人"、久经沙场经验超群的"达人",纷纷从这里横空出世。您完全不知道他们是谁,但是您非常相信他们的判断。许多股票,特别是小盘股,一经他们的推荐就会连续拉出涨停,让人不服不行。

为什么许多股票一经推荐就会暴涨呢?您可别以为散布消息的人是"股神",他不过是在玩"拉高出货"的骗局。"拉高出货",美国行话叫 Pump and dump,其实并非什么新鲜玩意儿,但谁是第一个用互联网实施拉高出货骗局的人?您可能想象不到,始作俑者竟然是美国一个 14 岁的少年。

"自学成才"的天才少年

乔纳森·莱伯德(Jonathan Lebed)出生于新泽西州的锡达格罗夫(Cedar Grove),一个纽约郊外的小镇。他的父亲是 Amtrak 铁路公司经理,母亲是一家药厂的秘书。

1997 年,乔纳森年仅 11 岁。他非常喜欢看电视,尤其爱看棒球与职业摔跤,甚至为他最喜爱的摔跤明星建立了一个网站。随着年龄的增长,乔纳森开始对另一个神秘的东西燃起了兴趣,那就是"股票"——一种可以像二手货那样在市场上自由交易的东西。当时美国恰逢科技股狂热期,身边的每个大人都在谈论股票。只要打开电视,就一定能看见股评家们喋喋不休地讨论"谁手里的股票可以更快实现翻番"。

父亲有不少股票,它们的名字乔纳森全都知道。每天放学一回家,乔纳森就会打开电视,观察那几只股票的走势。一有风吹草动,就马上给父亲打电话。

12 岁生日那年，父亲送给乔纳森 8000 美元作为生日礼物，这是父母从他出生那天起就为他攒下的钱。乔纳森请求父亲用这些钱帮忙买几只股票。在一番精挑细选之后，他挑中了"美国在线"这家互联网公司。虽然父亲并不看好，但事实证明，乔纳森是正确的。在接下来的两周里，"美国在线"狂涨不已。乔纳森见好就收，大赚一笔。在接下来的 18 个月里，他继续频繁买卖，起初父亲给的 8000 美元，竟让这个十来岁的孩子来回折腾成了 28000 美元！

可别以为他是瞎猫逮着死耗子。在投资方面，这个 12 岁少年知道的绝不比普通股民少。乔纳森从电视和互联网汲取了大量有关证券投资的知识。他明白怎样判断一家上市公司的股票价值，怎样根据各种信息变化做出买卖决定。他选股会考虑三个方面：第一，该公司股价被低估；第二，公司所在行业非常热门；第三，这家公司本身还未引起投资者兴趣。

为了判断股价是否被低估，乔纳森会查看上市公司财报，看其收入是在上升还是下降。至于另外两方面的信息，从聊天室里的讨论中，乔纳森就能猜个八九不离十。在网络聊天室，素未谋面的投资者也能就某只股票展开热烈探讨，人人都可以写下自己的观点供他人参考。乔纳森看似每天在网上闲庭信步，实则从这里学到了不少东西。正是这些浓缩的知识、前人的经验让他的个人财富从 8000 美元在短时间内就增长到了 28000 美元。这是条不错的路子，不是吗？可是这个聪明的孩子并不满足，慢慢地，他开始酝酿一个来钱更快的计划。

乔纳森注意到，一些股票之所以快速上涨，是因为它们获得了在线推广。这就好比你打了广告，产品销路就自然能打开。互联网这一方兴未艾的工具，可能还没多少人领教过它在推广股票方面的潜在威力。乔纳森也发现，聊天室里的确有少数人在推广他们自己的股票，等股价涨上去之后再卖出牟利。这相当诱人！乔纳森决定自己也试一把。

这个勤奋的孩子，每天早上 5 点半就起床"工作"，赶在上学之前在各大股票 BBS 公告板上散布 200 多条消息，推广自己购买的股票。乔纳森运用了许多华丽而夸张的说辞，例如在推广 Firetector 股票的时候，他说："这是一只价值被严重低估的股票，下周该股价格就会出现'井喷'。"在 BBS 上读到这些消息，又懒得自己动脑筋思考的股民，不由分说就买了乔纳森推荐的股票。由于该股市值很小，股价当日即被推高。乔纳森见状马上出货，仅一天时间就斩获 74000 美元。在接下来的 6 个月里，乔纳森用这套"拉高出货"的把戏赚了 80 万美元！

后来，乔纳森在聊天室遇到了一个叫艾尔·莫纳斯的人。此人和乔纳森持股的两家上市公司都有关系。艾尔是 Firamada 在得克萨斯州的临时雇员，同时也被佛罗里达州一个卖雪茄烟的公司雇用，其主要工作就是在互联网上推销股票。艾尔说什么，乔纳森就学什么，甚至在自己的个人网站上推广这两只股票。1999 年秋，网络股泡沫破灭，两家公司均损失惨重。人们这时才发现，艾尔和乔纳森一直在说谎。

事情终于败露。一些被愚弄的股民向美国证监会控告艾尔。证监会在调查艾尔时无意发现了"乔纳森"这个名字，起初他们以为乔纳森也是为这两家公司服务的。因为美国法律规定，公司雇员不得用任何虚假消息进行产品推广，所以说假话的艾尔自然在劫难逃，可是乔纳森不过是鹦鹉学舌，他和那两家公司没有任何关联，这条法律显然并不适用。

没办法，证监会只能试图以股价操纵罪来起诉乔纳森。然而即便这样也很难给他定罪，因为乔纳森只是在不断重复艾尔说过的话，但没有证据表明乔纳森知道这些话究竟是真是假。万般无奈的证监会最后只好和乔纳森达成和解：乔纳森退还在这两只股票上的 28 万美元非法所得。这件事就此了结。"拉高出货"一共给乔纳森带来了 80 万美元的横财，扣除退还的 28 万美元，剩下的 50 多万美元依然在他囊中。

这件事与其说给了这名少年一个教训，倒不如说给了他一个激励。游戏还会继续。乔纳森发誓要把"拉高出货"进行到底。

2.0 版的"拉高出货"

正所谓"江山易改，本性难移"。时隔 11 年，当这位天才少年的传奇故事已渐渐淡出人们记忆之时，乔纳森又一次玩起了旧把戏。他的人生简直就像是为"拉高出货"这个游戏而设计的。所不同的是，当年的小孩子现在已长大成人。虽是故技重施，但在炉火纯青的伪装下，骗术已达到了让投资者"被骗还帮忙数钱"的地步。那些因不了解乔纳森发家史而亏钱的投资者，在真相大白之前还一直把乔纳森当成"救美英雄"（拯救美国的英雄）。

2008 年，乔纳森建立了一个名为"国家通胀协会"（National Inflation Association，NIA）的网站，其宗旨应该说还是不错的。当时美国刚刚爆发金融危机，经济学家对这场危机的成因莫衷一是，越来越多的公众的心里也燃起了对经济和金融问题的兴趣。乔纳森很可能受到某些自由市场派学者，如彼得·希夫、罗杰斯、麦嘉华等人思想的影响，认为美联储疯狂印刷钞票的行为将会在未来带来灾难，美国人会逐渐失去自由，而国家将陷入恶性通货膨胀。于是，他开始在自己的网站上传播这一理念，和其他人一起制作了十几部质量相当不错的纪录片，号召公众放弃美元，购买黄金、白银及相关股票。NIA 的影响力如日中天，其网站在短短几年时间里便获得了几十万注册量。乔纳森每周都向注册者发布新闻简报（Newsletter），评析经济与政治热点话题；NIA 发布的每一部纪录片都会在一周内获得数百万点击量。

然而 NIA 的盈利模式始终是一个谜。他们的网站非常干净，没有嵌入任何广告与弹出窗口。他们发布的新闻简报与纪录片完全免费。据一工作人员透露，纪录片的制作成本其实非常高昂，每部都要好几万美元。实在没有理由相信 NIA 能支撑到今天，难道这真是一个"公益性"组织？

纸总是包不住火。2008 年 5 月 20 日，NIA 的"盈利模式"终于被揭露。乔纳森连做梦都没想到的是，"出卖"他的竟是自己多年来的经济偶像——彼得·希夫。希夫在自己主持的一档脱口秀节目中，指责乔纳森又在玩"拉高出货"的鬼把戏，并提醒投资者千万不要上当。

原来，乔纳森经常在发给用户的新闻简报里荐股。当然，这些股票都是与贵金属或资源相关的，与 NIA 一直倡导的反通胀理念相符。乔纳森有所不知，希夫本人其实也是他简报的订阅者，那时 NIA 正在全力推荐一只叫作"Mega 贵金属"的加拿大公司股票。简报上是这样写的：

> Mega 贵金属所拥有的海湾矿山，其黄金推测储量高达 121.2 万盎司！但 Mega 贵金属的总市值却只有 2749 万美元。该公司还坐拥 1000 万美元现金。按目前的市值衡量他们的黄金拥有量，这些黄金的持有成本每盎司仅有 14.43 美元！而黄金的市场价是每盎司 1483 美元！NIA 认为，这是史上绝无仅有的投资机遇，它将在未来十年内成为最优秀的黄金股。

普通投资者读到这里，一定会对这只股票产生兴趣。但 NIA 的这段描述其实暗藏"玄机"。原来，加拿大在衡量黄金开采公司价值的时候，一般将资源量依可信度高低分为三类：确定资源（proven resources）、推定资源（indicated resources）和推测资源（inferred resources）。只有"确定资源"才是被证实的储量；而推测资源只不过是臆测，是可信度最差的一种。很多开采公司都号称具有庞大的"推测资源"，但最后真正能开采出来的却寥寥无几。NIA 在简报中使用了"推测储量"这个词，却没有告诉投资者"推测"与"确定""推定"含义的区别，并把"推测储量"算作 Mega 贵金属所拥有的全部黄金数量——121 万盎司，以此说明其股价被"低估"。若不是希夫及时出面说明，那些不熟悉加拿大开采术语的美国人很可能被误导。

截至目前，该事件尚未水落石出。但鉴于乔纳森的"前科"，很难让人相信他是在免费荐股。虽然乔纳森声称自己和 NIA 所有成员均未持有这只股票，但他并没有否认自己曾收受过第三方的"荐股费"。成年的乔纳森不过是升级了"拉高出货"的玩法。14 岁那年，他拉高、出货、散布谣言一人全包；而现在的他懂得了"分工协作"，本人并不持股。拉高者、出货者、信息传播者各司其职，其间的利益输送，在层层包装下并不那么容易显露出来。

03

黄金是延续 **6000** 年的泡沫

　　当商品的价格超过其合理的价位时，泡沫便产生了。 一部金融史，几乎就是一部泡沫史。 在所有的金融泡沫中，黄金价格泡沫的历史最悠久。黄金泡沫原本已随着金本位制的破灭而破灭，但是，每当经济危机、战争等不稳定的时候，黄金泡沫便又死灰复燃……

从古老的原始崇拜到金本位制解体

自古以来,黄金始终有着光鲜亮丽的形象。在中国,"金碧辉煌""真金不怕火炼""书中自有黄金屋"等赞美之词无不表达着黄金在人们心目中的崇高地位。这种对黄金历史悠久的崇拜从西方到东方,从发达国家到发展中国家,贯穿不同民族、文化和宗教。

不过,古希腊人对黄金的认识很深刻。在公元前 4 世纪,哲学家柏拉图就已经说过:"所有的黄金,地上地下加起来,也不足以拿美德交换。"

马克思说:"金银天然不是货币,但货币天然是金银。"黄金一开始不是货币,只是商品,因其是贵金属、稀少、耐腐蚀、耐高温(早有"真金不怕火炼"一说)、不坚硬易分割、不生锈等特性,更易充当价值尺度、交换媒介和保值手段等,被各国殊途同归地当成货币使用。这是一个市场自然选择的结果。

但在辉煌了几个世纪后,黄金在货币世界中逐渐失去光环。在货币世界,黄金的窗口在 1971 年被美国总统尼克松关闭。这要从《布雷顿森林协议》说起。

1944年7月,来自44个国家的代表聚集在新罕布什尔州的布雷顿森林,召开联合国货币金融会议,同意美元与黄金挂钩,于是美元便成为唯一能满足国际货币交易不断增长的需求的货币。但是后来,随着越南战争的旷日持久和不断升级,美国元气大伤,国力也有所下降。1968年3月,美国官方的黄金储备竟然下降到100亿美元,而这是美国黄金储备的临界点。100亿美元的黄金储备被人们称为必要的、永久的"战争基金",如果这一数字继续减少的话,会对美国产生致命的打击。1971年,美国总统尼克松终止了美元与黄金的固定兑换比率。他没有与布雷顿签约国商榷,而是独自做出终止美元与黄金关联的决定,此事件被称为"尼克松冲击"。之后美元成为完全浮动的法定货币,美国政府可以印刷更多的货币,布雷顿森林体系崩溃,金本位制也退休了。

当黄金失去既有的权势之后,便不再是各国中央银行关注的焦点,也不再是固定汇率和金融交易的中心。就像在这个世界上,没有什么会永垂不朽。从历史经验来看,斯塔特金币、拜占庭金币、第纳尔金币以及英镑,都没有在世界金融体系中占据永久的统治地位。

正如彼得·L.伯恩斯坦在《黄金简史》中总结的那样,多少个世纪以来,黄金激起了人们对于权力、荣耀、美丽、安定以及不朽的欲望。黄金也成为一种贪婪的符号、虚荣的工具,以及货币标准的有力约束。除了黄金以外,没有什么物品能够在这么长的时间里成为人们崇拜的对象。但那些相信黄金能够应对生活中的不确定性的人们,实际上并不明白,黄金或者我们所选择的任何一样东西,其实都是难以担当起追求永恒与不朽的重任的。

归根结底,黄金就其自身而言没有任何意义,储藏黄金并不能创造财富。黄金及其替代品只有在为实现某种目的(诸如为了美丽、追求崇拜以及交换我们真正想要的东西的手段)时,才具有意义。

黄金真能保卫财富吗?

自金本位制被废除之后,黄金其实就只是一种贵金属而已,黄金的价格与其他任何商品的价格一样,都是由供求关系决定的。当一种商品的价格达到一定高度,人们没能力购买时,需求就会下降。黄金也不例外。比如,印度人和非洲人可以说是世界上最喜欢佩戴金饰品的民族,恨不得全身上下都被黄金包裹。可如今金价这么昂贵,首先就逼迫他们退出了购买的舞台。其次,黄金在工业上的重要用途,大部分已被其他金属替代了。所以说,黄金的"刚性需求"并不刚性。

有人声称:"黄金是'真正的'货币,政府或社会发行的法定货币只是薄纸一张。"尽管货币的确是"薄纸一张",然而只要这张薄纸在社会经济活动中,可以作为交换媒介、记账单位、价值储藏和延期付款的标准,被人们普遍接受作为支付商品、服务和偿还债务的形式,那它就不只是一张薄纸这么简单。黄金能起到这些功用吗?

还有人说:"投资黄金是明智的决策,因为数千年来它的购买力保持不变。"真是这样吗? 60 多年前,很多有钱人都喜欢把别的财产变卖后买入黄金储存。我们以十分极端的情况——1950 年 3 月 31 日买入后留到 2011 年来估算一下黄金的价值走向。1950 年的国际金价为 35 美元/盎司,2011 年的金价超过 1500 美元/盎司,上涨幅度为 43 倍。你在 1950 年买一盎司黄金,要花人民币 147 元(当时美元和人民币汇率是 1∶4.2),如果你 2011 年卖出,能得到 9750 元人民币,9750 约为147 的 66 倍。不过 60 年前的 10 元人民币的购买力相当于 2011 年的 3000 元,相差 300 倍。可见藏金 60 年,贬值接近 80%！

更何况还有华尔街的炒作因素。30 年前金价就曾被华尔街炒作,突破了 850 美元/盎司。即使按最保守每年 3% 的通胀率计算,那时的 850 元/盎司,其价值已然超过了 2011 年的 2000 元/盎司。一个 40 岁的投资者,假如在金价最高位时购入黄金作为退休之用,那就要等到 28 年之后,金价才可能重新升至 850 美元/盎司的水平,除非他活到 80 岁,否则就别指望这笔退休金了。退一步说,即便黄金"3000 年来维持购买力不变",这也仅仅说明黄金的真实回报率(经通胀因素调整)为 0。政府发行的通货膨胀保值债券,还能有通胀率加 2% 的收益率呢！

说穿了,金价只有在不稳定时才会被推动上升。比如当金融海啸或战争来临时,黄金就成了人们保卫财富的热门选择。中国历来有"乱世藏金"之说,因为其他资产如房产、土地等都无法搬走。其实,也正因为人们在此时太关注于纸币的贬值,而忽略了一旦海啸退去或战争消停,那些背负着黄金袋子的聪明投资者,便会立刻抛开背上的黄金,转而换取升值更快的商品来投资。几百年来,这已经是上演了一遍又一遍的戏码,现在又不厌其烦地继续上演着,只是人们"不愿意"去看。

世上物质千千万,为什么大家非要选黄金来作为保值工具？这就涉及一个关键的因素：人们对黄金的喜爱已经上升到顶礼膜拜的信仰层面。就好比人们对纸币的信任,实际上也是一种信仰。信任体现于为我们支付薪水上,体现于货币的发行中,即个人使用或者机构兑现支票或转让支票。从古到今,货币说到底只是一种记名信托。无论是白银、泥版,还是纸张,或是出现在液晶显示器上的虚拟数字,甚至是马尔代夫的贝壳、太平洋雅普岛圆盘的巨石,其实什么都可以充当货币,只要人们对它产生信仰。

总而言之,如果不怕成为最后接棒的"大傻瓜",你尽可以进场去参与黄金投机;但如果是希望作为长线投资购入黄金来保值增值的话,则千万谨慎为宜。

华尔街最佳炒作工具

事实上,黄金根本就不是投资品,也不存在投资价值。

首先,黄金本身并不能带来回报,而且储存黄金还需支付保管费、交易费等,因此,其只能依靠买卖的差价来牟利。也就是说,黄金只是人们用来赚取差价的投资品种。不过,在大众普遍的印象中,黄金好像是公认的投资品种,那是因为人们没有分清投资行为和投机行为,以致把投资品和投机品的定义混淆了。

其次,黄金也不能抗通胀。事实上,1971 年至今任何一个连续的 20 年,黄金都不存在抵御通胀的记录。

最后,黄金并没有投资价值。其实,地球上的黄金并不少,只是从勘探寻找金矿,到把地下的黄金开采出来,再将黄金冶炼成一定的纯度,这样的过程使得黄金的开采成本提高了。而且,黄金除了大部分被储备在各国央行和金融机构,以及被人们用作首饰之外,并没有太大的工业用途。黄金的工业用途几乎都有其他类似的或更优的替代品可以替代。

谈到这里,很多读者可能会问,既然黄金不能保值,那为何各国央行要用黄金作为保险品呢?

大家知道,在实行货币金本位制时,央行储备黄金是必需的,因为没有黄金,就等于没有货币。如美国 1913 年的《联邦储备法》确立了金本位至高无上原则,即发行货币必须有黄金支持,当时要求必须至少有 40％的黄金储备。而现在,虽然信用货币与黄金脱钩,但绝大多数央行仍把黄金作为一种储备,这是由于几千年来,人类对黄金产生了一种宗教般的信仰——"黄金情结",央行储备一定数量的黄金,其实是给货币持有人吃一颗"定心丸",让国民相信政府不是在凭空印钞票,而是有黄金这一"压箱底"的资产来作为信用担保的。也就是说,目前各国央行拥有黄金是作为最后的保险品,特别是对于那些对自己发行的货币的信用信心不足的国家来说,更是如此。

据世界黄金协会统计,目前,全球开采出来的黄金总计 17 万多吨,其中,60%的黄金是以一般性商品的状态存在,如成为历史文物、首饰制品,用于电子化学等工业产品之中;另外的 40%——总量接近 7 万吨——作为可流通的金融性储备资产,存在于世界金融流通领域。不过,其中 3 万多吨的黄金是各个国家拥有的官方金融战略储备,2 万多吨黄金为大企业及私人等所拥有的民间金融黄金储备。也就是说,其实,平时只有 1 万多吨黄金作为金融产品在市场上流通交易。按目前金价每盎司 1280 美元计算,不过 5000 亿美元上下。虽然那 6 万多吨的各国央行储备和民间储备,在市场动荡的时候,其中的一部分也可以随时参与到金融流通领域中,但即使把这些因素都考虑进来,整个黄金市场满打满算的体量,还不如一个苹果公司股票的市值。

由于金市盘子较小,是很容易被几个庄家联手操纵的。如全球最大黄金基金ETF——SPDR Gold Trust(GLD)一般就拥有 800~1000 吨黄金储量,再加上华尔街几家大黄金基金的储量,就至少占有了 30%市场流通的黄金。再加上利用"黄金杠杆"的保证金合约,可以大大放大华尔街大庄家控制的流通体量。因此,黄金是华尔街的最佳投机炒作工具之一。

实际上,黄金作为投机工具被操纵由来已久。

150 年前的黄金大操纵

和黄金悠久的历史一样,黄金被操纵的历史也不短暂。黄金给人带来快乐和满足感,然而大约 150 年前,发生在美国的一起黄金恐慌几乎造成了一场可怕的大劫难。

19 世纪 60 年代,结束南北战争后的美国还没有实施金本位制,金币和绿钞同时流通,但是人们很自然地选择使用劣币"绿钞",而宝贵的黄金几乎立刻从流通领域彻底消失。在当时的黄金市场上,只需要交纳少量保证金就可以购买数额很大的黄金,这种杠杆效应使得黄金投机成为最危险,但同时也是回报最为丰厚的投机活动。

1869 年 8 月,以杰伊·古尔德(Jay Gould,1836—1892)为首的投机家勾结政府要员,甚至愚弄了美国总统格兰特(Ulysses S. Grant,1822—1885),对黄金市场展开了狙击,力图买断纽约黄金市场的所有黄金供应。如果成功,那么所有黄金购买者,尤其是那些为实现套期保值而卖空黄金的国际贸易商,都将在绝望中眼睁睁地看着投机家操纵黄金价格飙升天际而无能为力。

古尔德发动了一场空前的黄金抢购潮。一个亲眼看见了当时景象的人,几年后在他的回忆录中这样描写:百老汇大街上"到处都挤满了人,他们衣冠不整,有的衣服上没有了领子,有的帽子不知道到哪里去了,疯狂地冲到大街上,仿佛精神病院失去了控制。人们大喊、尖叫,搓着双手无能为力,而黄金价格稳步上升"。

一时间,黄金交易几乎是整个国家唯一的金融活动。从纽约到旧金山,商人们停止了所有的商业活动,聚集在黄金价格指示器前。此时黄金价格继续上涨,已经不是因为市场上还有巨大的购买需求,而是因为市场上几乎没有卖家了。虽然操纵者正在悄悄地出货,但同时还在虚张声势,制造他们继续全力买进黄金的假象。

黄金价格泡沫终于积聚到了爆破的时刻,抛售的风潮一起,这一天剩下的时间里,整个华尔街就像刚刚经过一场大火或劫难。

当詹姆斯·加菲尔德(James Abram Garfield,后来成为美国总统)领导一个国会委员会负责调查已经过去的黄金恐慌时,他清楚地知道黄金恐慌是如何产生的,应该采取什么措施才能阻止它再次发生。"只要我们国家存在着法定的黄金、绿钞复本位制,"他在给国会的报告中写道,"并且相互之间的比价可以改变的话,那么黄金投机就具有无法抗拒的诱惑。"换句话说,为了阻止"黑色星期五"(这次黄金恐慌发生在星期五)卷土重来,美国就必须回到金本位制。投机家给美国上了这么生动的一堂课后,美国用了整整 10 年时间,完全回归到了金本位制。

04

房地产是投资性的财产吗?

"房地产是投资性财富"的说法，是这个世界0.5％的富人对绝大多数穷人的集体洗脑，因为那是他们快速牟利最经典、最便捷的招式，屡试不爽。除此之外，他们很少能找到如此快速的致富方式，而科技革命和产业革命的速度总是远远落后于人们对财富的向往速度。

要改变人们对房子的观念，要改变房子是投资品的观念，要将房子看作消费品，和汽车、电视一样，而非投资品。

房价非理性上涨的结局是什么？

如果说中国前几年的楼市热是由供求关系生成的,诸如稳定的家庭收入(良好的就业前景)、丰厚的储蓄和购买能力,那么当楼市泡沫吹起来的时候,人们购房就不只是为了简单地居住,而是将房产视为可带来丰厚盈利的投机工具了,这是非常可怕的!

人类的知识和所做的判断多半都是归纳经验后得来的,比如,人们总以为明天太阳会照常升起来。在过去的 10 年里,中国的楼市,特别是一线城市的房价大幅飙升,上海的房价从每平方米 4500 元涨到四五万元,尽管政府对楼市调控多年,但结果仍出现了房价越调越高的现象。

所以,目前绝大多数中国百姓都认为,房子是永远不会跌的,中国政府决不会让房价跌下来。甚至有专家都认为,房价一跌中国经济就不行了。于是,购房在中国成了有利可图的投机行为。

此外,投机房产会产生巨大的利益,导致中国陷入流动性陷阱。借贷出去的钱纷纷涌入房市，北、上、广、深随便一套房子就要上千万元。多数中小企业，一年的利润别说 1000 万元，哪怕有 100 万元都算不错的了。而在一线城市投机炒一套房，轻轻松松就可以赚 100 万元。

因此，出现高房价和大量空置房的根本原因，就是过去的经验归纳带来的误区：政府越调控购房政策，越限制购房条件，房价就涨得越高。

因为这些年来，中国房价一直在上涨，使得大家产生了还会不断上涨的心理预期，形成了强烈的投机心态！就在全球央行不断降低利率、房价日日朝上涨、买卖房屋盈利巨大的背景下，越来越多的投机客进场，使得房价泡沫越吹越大。而这也导致真正的刚需购房者从银行贷款的数目越来越大，实际上他们花了很多冤枉钱。

举例来说，按中国目前的高房价，购买一套价值 130 万元的房子，假设需要贷款 100 万元，还款期为 30 年，即使按照 5％ 的低利率来计算，仅利息就将支付 93 万元，而且这笔钱还不包括手续费、佣金和各种服务费……

于是，有经济学家分析认为，近 10 年中国货币增长了 50 倍，房价只上涨了差不多 5 倍，与货币发行增幅相比较，房价实际上在下降。然而，持相反观点的经济学家又反问了，这些增长的货币，是否被合理地分配到了"刚需"买房的百姓手中？

当然，所谓"刚需"指的是拥有稳定收入、有能力支付房贷的家庭，他们买房并不是为了投机，期望一夜致富，更不会以场外配资提高杠杆率，以非理性的方法进入楼市。之前一线城市房价飙升，很有可能是炒房者最后的疯狂。因为从金融角度的三点，即信用、杠杆和风险控制的角度来分析，人们已经失去了理性的判断力，全民炒房的热潮，犹如 380 多年前荷兰人狂热追捧郁金香。

1634 年，荷兰东印度公司的商船带回一些美丽而罕见的郁金香球茎，随后举国上下患上了"郁金香狂热症"。到了 1636 年，一棵价值 3000 荷兰盾的郁金香，可以交换 8 只肥猪、4 只肥公牛、2 吨奶油、1000 磅乳酪、1 个银制杯子、1 包衣服、1 张附有床垫的床,外加 1 条船,这是西方历史上记载的第一次经济泡沫,其最终结局自然和历史上其他所有的各种泡沫一样——破灭,在此就不赘述了。

有史可鉴,房地产过热和经济危机如影随形,持续高房价必将导致金融危机,甚至经济危机!由于房地产必将衍生出巨额的借贷,银行体系都将面临"债务减记"的风险。根据现代经济学费舍尔的理论,通缩的风险源于债务,无论是企业还是个人,在面对持续攀升的债务之际,便不得不紧缩消费开支。消费能力之所以下降,就是债务水平提高的严峻后果。

总之,房价的非理性上涨就是金融危机的前奏,警惕啊!

中国房价究竟有没有泡沫?

近来,有一种声音在中国房市上越来越响亮了,就是中国房价,至少一线城市的房价,根本不存在泡沫,理由有两条:

第一条:"因为对楼市调控多年,房价越调越高,所以不存在泡沫……"众所周知,打蛇打七寸。而这些年的楼市调控措施,几乎没有一条打在高房价的死穴上,这早已成了共识。显然,这一条理由本身就毫无逻辑可言,也就失去了辩驳的价值!

第二条:"由于供求关系,至少一线城市造出来的房子都卖掉了,而且还依然在限购,所以,至少中国一线城市的房价不存在泡沫。"对于这一观点,倒是可以在此好好地探讨一番。

首先,对人类来说基本有三种不同的需求。空气、水和阳光等自然资源,是人类生活的第一需求。如果人类离开空气，最多只能存活几分钟；没有水的话，最多只能够支撑几天；而没有了阳光的话，世界将是一片漆黑。因此，空气、水和阳光才是人类真正的"刚需"，它们与价格无关，所以不存在泡沫一说。而房子，虽然也是人类的生活必需，但"居者有其屋"和"居者拥其屋"的概念有所不同，房子并非一定要买来拥有，才能居住。因此把拥有房子说成是"刚需"，是非常不恰当的！

其次，食品、住房、衣物、医疗保健、必要的家具、交通工具，以及基础教育，是人类的基本生活必需品。这些商品在经济学上，其价格一般都是"有效"的，由"供求关系"这只"看不见的手"来调节，自有其合理的价位，的确无泡沫可言。当一种商品的价格达到一定的高度，人们没有能力购买时，需求就会下降。当房子作为商品时，本来也不例外。

但是，当房子被人们购买之后，便渐渐地远离其单纯商品的属性，而被人囤积起来，出现空置房和"房姐""房哥"等"房氏家族"，甚至出现诸多所谓的"鬼城"，此时，其居住功能便逐渐演变成另外的功能——一种低买高卖的资产——甚至最佳的投机炒作工具，这便体现了人性中追求利润的贪婪欲望。

可能有人会问何以见得，因为单纯的商品只是用来消费和使用的，人们不会购买100台电视机囤在家里，除非电视机能低买高卖来盈利。在此必须强调一点：单纯的商品是不会产生泡沫的，只有当商品转化为资产之后，比如房子、黄金和股票，才会因炒作而产生泡沫。而那些认为因为供求关系，中国房价不存在泡沫的人，显然是把房子归类在单纯的商品属性中了。

其实，一旦大量的房子进入市场，从单纯的生活必需品变成商品，进而进入金融市场异化为金融资产后，从金融的角度就可以很容易地判断出中国房价是否有泡沫。如计算空置房的比例，有一个非常简单的金融公式：在楼市里，由于房地产是金融衍生品,加上房贷的乘数效应,只要有 10％的房子被当作资产而空置的话,就会产生 10％的泡沫。

重要的话多说几遍,既然房子已然成为金融产品了,那衡量一个金融产品是否存在泡沫,是有可供具体测算的数学模型的,如房价收入比、房价租售比等,这是国际金融界的统一标准。而按照这几个标准测算一下,便可一目了然——当下中国房价岂止有泡沫,而且房价的泡沫已经大到了史无前例的高度!

说到这儿,肯定又有普通网友,甚至学者会说,"中国是不同的……北京、上海是不一样的……"在之前所有其他国家的房价出现泡沫时,也都有人会这样说。甚至所有其他金融泡沫出现时,也总有人会说,"这次不一样了……"总之,金融产品有无泡沫是有具体标准可以测算出来的,而至于何时破灭,倒是无人能够准确预测。不过,遗憾的是,有一点可以确认,所有泡沫最终都会以破灭而告终,迄今无一例外!

当年东京房价也曾经如日中天,号称"买下美国"!结果呢,以大跌超过 90％而告终,从此蛰伏 20 多年,至今东京房价比上海还要低。

实际上,人类的金融史几乎就是一部泡沫史。过去,每隔大约 100 年便会产生一个大泡沫。回顾金融历史 400 年,从 1636 年的荷兰郁金香狂热,到 1720 年的英国南海泡沫,再到 1837 年的美国银行大恐慌,概莫能外。历史上最恐怖的数次大萧条,无一不是一个泡沫接着另一个泡沫破灭的历史。

而在最近这 30 年,随着世界经济越来越趋于一体化,信息传播的速度越来越快,泡沫的规模也越来越大,其出现的频率也越来越高。继南美、东南亚和日本之后,单单这 10 年中,全球就又经历了无数次的大小泡沫,其中巨型泡沫就有过两次:一次是互联网泡沫,另一次就是由次级抵押贷款引发的 2008 年金融危机。每一个泡沫的起因都颇为类似，结局也相同，人们跟随泡沫追涨杀跌，深受其害。

如果说中国人对房子情有独钟，人人都想拥有住房产权，导致无法购房的低收入家庭对高房价抱怨连连，那么不妨借鉴"新加坡模式"：富人购买商品房，普通百姓居住组屋，穷人住进政府廉租屋（政府向富人征房产税建造廉租屋），以此来避免房地产市场出现日本式的巨大泡沫。

楼市的"有效市场"假设

众所周知，当一种资产的价格脱离了其基本的价值，泡沫就形成了！如果以房子作为投资品，其基本价值源于出租所产生的收入。而最简洁的衡量房价是否合理的方式，就是国际通用的租售比。

所谓的租售比，就是房价和月租金的比值（也可定义为房价和年租金之比）。比如一栋市值 100 万元的房子，假如月租金为 5000 元，那么其租售比就是 200 倍。而国际上通用的合理租售比值为：旧的公寓大楼是 120 倍（因为收取的管理等费用和楼龄成正比），新公寓是 140 倍，独立的别墅或联排住宅是 160 倍。如果计算得出的数字低于这些比值，说明房价是合理的，而一旦超出这个比值，说明房价被高估，也就是说有泡沫之嫌了。

为什么房子租售比能够衡量房价是否有泡沫呢？

首先，由于房屋是普通百姓购买的最大宗商品，绝大多数家庭如果不向银行贷款就根本买不起房子，因此在宽松的信贷环境下，只要有购房意愿，谁都能获得房贷。而越来越多的人将买房作为投资，甚至投机的时候，这一信贷消费模式其实是严重扭曲真正的供求关系的。结果，房价就会越来越高，使得泡沫不断变大！

　　而租房市场就不一样了，只要稍加留意便可发现一个有趣的现象，那就是在房价飞涨的地区，房租并不随之同步上涨。这是因为租房市场是一个"有效市场"。关于"有效市场"的假设，是认为市场在信息方面的有效性：已经把过去、现在，甚至将来事件的贴现值反映在了市场价格中，所以在任何时候，房租市场的价格都是合理的。

　　而从金融方面说，最关键的原因是房租不能借贷，必须以现金全款支付，房租必须依照真正的供求关系而定。也就是说，房租所反映出来的，才是百姓在房子这一商品上的真正承受力。一旦房租涨到房客租不起的时候，就是真的租不起了！逃离北上广的人有各种原因，房租过于昂贵绝对是重要的原因之一。

　　举一个具体的实例。在 20 世纪 90 年代初商品房刚刚兴起时，杭州一套 70 平方米的公寓售价十几万元，那时房子竟然还滞销。不难想象，中国百姓长期以来秉承传统的观念，赚到的钱起码存起来大半。他们省吃俭用过日子，从来不花不属于自己的钱——即借贷。

　　但是，当"用明天的钱圆今天的梦"之借贷消费观念从美国被搬到中国之后，完全颠覆了中国人"量入为出"的古老传统。这个笼头一放，便一发不可收。回头再看杭州的房价，一套 70 平方米的公寓的售价按当时普通民众的收入来计算，只是相当于普通家庭 3 年的收入。也就是说，一般家庭如果省吃俭用五六年，不必借钱便能购买。

　　可是，欧美的借贷消费方式一旦被炒热，被国人所接受，人们就不愿意再等了，他们从谨慎观望到盲目跟风，一哄而上，好像要豁出去了。原本一套公寓售价为十多万元，20 年过去了，售价变成了一百多万元，相当于杭州普通家庭十五六年的收入！如果将其出租的话，在 2000 年前后，每月的房租是 600 元上下，到 2012 年，尚徘徊在 1300～1400 元。房租的增长率比通胀率还低,等于 20 年下来房租不涨反跌。

让我们再看看美国吧。

美国自 1890 年后的 120 年间,扣除通胀(平均每年 2%)的因素,房价虽然有高有低,但平均价位始终徘徊在 100 这个点上。也就是一旦除去通胀因素,长期来看房价是不变的。举一个具体的实例。有甲、乙二君,他们看中了两套一模一样市值 100 万元的房子,假设他们口袋里都有 100 万元。甲君以 100 万元买下了房子,乙君以 6250 元一个月租了下来。以欧美每年平均 2% 的房产税来计算(按当年的房价征收),这里为计算方便,房租的上升值和地税的上升值正好相抵,都忽略不计。在 160 个月之后,甲君拥有的房子升值了,但扣去所付的房产税、房子的维护费、保险费、管理费等之后,他实际拥有的依然是 100 万元。而乙君把 100 万元拿去投资理财,他的投资(按欧美过去 100 年保守的理财方式,平均回报至少为 8%)回报率,正好支付房租。

因此在租售比 160 倍的情况下,甲君和乙君在房子上最后所拥有的财富正好相等。这一例子说明从金融的角度来分析,当房价没有泡沫的时候,租房和买房没有优劣之分,只是选择不同的生活方式而已。这也正是为何欧美的大城市长期以来租房和买房的比例一半一半,好些欧洲国家租房者的比例甚至远超 50%!

不过,由于中国的特殊情况,比如目前还不用支付房产税等,所以租售比可以从欧美最高的 160 倍,大幅提高至 200 倍以上。再考虑一线大城市(如北京、上海)的特殊情况,租售比进一步提高到 240 倍。也就是说,如果以市值 100 万元的房子为例的话,假如月租金超过 4167 元,从金融的角度来看,那么随便居住在中国的哪个城市,这一房价都不算存在泡沫,而一旦房租低于 4167 元,那这房价无论在哪个城市来说都被高估了!

但事实上,当今中国房子的租售比已经普遍超过 240 倍,特别像北、上、广那样的大都市,租售之比平均为 500 倍,甚至 800 到 1000 倍的情况也随处可见。最近,我的一个老朋友回国定居,在上海东方曼哈顿租了一套市价超过 800 万元的高级公寓,每月租金竟然只要 10000 元,租售比超过了 800 倍! 也就是说,这套房子的价值被高估了 4 倍以上!

总之,房子租售比是衡量房价是否合理的精确标尺,特别是对于个人投资者来言,请放心选用。

跨海炒房真的好赚吗?

近两年,由于国家政策调控,限制投机炒房,很多人跑去海外炒房。这不禁使我产生了时空变幻之感,就好似回到了 20 多年前。那时,美国的经济不景气,大量豪宅被抛售,而那时的日本经济正如日中天,日元猛涨,房地产业更是一片欣欣向荣。据说位于东京的日本皇宫所占的那块地,其价值与美国整个加州相当;如果把东京的房子全部卖掉,可以买下整个美国。腰包一鼓,日本人顿时感觉飘了起来,他们带着大把的钱来美国大肆扫货,好似对当年打败他们的美国复仇一般。

就说纽约的地标建筑洛克菲勒中心,当年被日本人花费巨资买下,美国民众得知后涕泪交加,悲愤难忍。然而,随着 20 世纪 90 年代初美国房地产泡沫被挤爆,美国经济进入衰退,日资来不及抽身,在美资产大幅缩水,洛克菲勒中心重新回到了美国人的手上,在这一买一卖之间,日本人亏损了 5000 多万美元。

当然,这里并不是劝说富豪不要买豪宅,而是想要说明,购买豪宅也好,普通公寓也罢,在欧美其实不过是一种生活方式的选择。富豪的钱多得花也花不完,享受一下豪宅生活无可厚非,但是指望投下巨资在海外购房增值,那就要三思而行了。

房地产是值得投资性的财富吗?不是!至少在欧美不是!

"房地产是投资性财富"的说法,是这个世界 0.5％ 的富人对绝大多数穷人的集体洗脑,因为那是他们快速牟利最经典、最便捷的招式,屡试不爽。除此之外,他们很少能找到如此快速的致富方式,而科技革命和产业革命的速度总是远远落后于人们对财富的向往速度。

这几年市场经过各国政府的全力挽救,经济逐渐改善,失业率不断下降,银行贷款政策也开始放宽。这些利好的消息,本该有利于住房市场的复苏,然而并未出现令人惊喜的场景,房价不再上涨,现房销售量也出现下滑。在此背景之下,中国民众却大批涌入美国投资买房,可能面临潜在的风险。

首先,即便中国人进入房市炒高了美国房价,但由于各种各样的其他因素影响,美国人也已不再对拥有自住房感兴趣,尽管他们付得起首付,并能获得银行贷款。他们认为购房是最糟的投资。

据 Case-Shiller-Thompson 有关购房者期望值的调查,潜在的购房者希望未来 10 年房屋每年的升值率应达到 3％,这一数值比目前的平均按揭贷款利率低了近 1.5 个百分点。这意味着投资房产的回报率,从根本上来说为负值。而在 2004 年临近房地产泡沫的高峰期,这一预期值为 12％。在一个健康的投资市场,房产预期收益至少应比通常的按揭贷款利率高。否则,理性的人会把钱用于其他投资。

其次,许多二三十岁的年轻人发现,在经济衰退期间找工作变得异常艰难,同时还要偿还繁重的债务,因此购房的大笔投资,将成为经济复苏后他们最后考虑的问题。就目前而言,他们似乎更愿意租房。

此外,不管近几年消费者信心指数是上升还是下降,都仍远低于经济衰退前,同时认为美国正朝着错误方向发展的美国人,比持有相反观点的要高出 30％以上。而在购房时,消费者自身通常需要保持相对乐观的情绪,更广泛地说,需要对整体经济有所认可。但现在的美国人对整个经济前景不再乐观。

过去 10 年来,美国房市经历了繁荣的泡沫期,而泡沫破灭之后的次贷危机,使人们意识到投资房市并非一本万利,而是像股市那样存在着风险。全球许多地方房价振幅超过 50％(日本东京的房价曾大跌 90％),至今美国许多城市的房价较泡沫前低了 1/3。而且,标普 500 指数平均每年上涨 8.26％,但美国房价几乎不动,扣除通胀因素之后,实际甚至是下跌的!因为纵观欧美近百年的房价平均走势,基本上仅和通胀率持平,也就是说,房地产对普通百姓而言并非投资的选项,只是生活方式的选择而已。

从美国前 100 多年房价的走势图可以看出,美国房价仅仅和通胀呈正相关,不会随着经济增长和股票收益一起上涨。

房价问题牵涉每个人,有房的不希望跌,无房的不希望涨。但高房价伤及实体经济,会阻碍经济可持续健康发展。要是不赶紧回归合理房价,经济危机就在眼前。届时,就不单是房价问题那么简单了。高房价就像一个人身上的肿瘤,是赶紧切除,还是听凭其恶化发展成不治之症?

好些人认为,中国房价上涨主要是因为土地价格的上涨,土地价格不跌,房价就不会跌。其实这就是金融上的"狗追尾"现象,房价上涨推动了土地价格上涨,而土地价格的上涨再倒过来推动房价上涨,恶性循环,愈演愈烈;而一旦房价下跌,土地价格就会下跌,再推动房价下跌,进入和房价上涨时相反的循环,引发房价不断下跌。

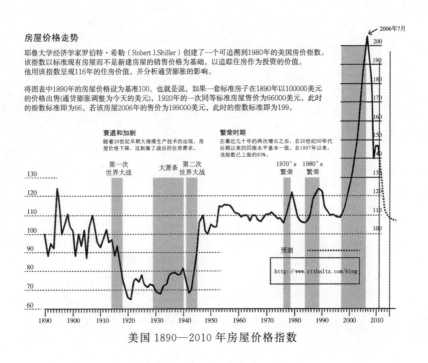

美国 1890—2010 年房屋价格指数

　　另外，除了房价要回归合理，更重要的是要改变人们对房子的观念。要改变房子是投资品的观念，要将房子视为消费品，和汽车、电视一样，而非投资品，那样的话，中国经济才能确保可持续的健康发展！

第二部分

击鼓传花的游戏

05

资本的原始积累

疯狂、恐慌、崩溃，这是所有泡沫的宿命。 正是人性贪婪的弱点，决定了泡沫缘起和破灭的悲剧，英国南海公司股票泡沫事件就是最好的例子。

神话起源

什么是公司？什么是上市公司？什么是股票？什么是 IPO（首次公开募资）？股民们对这些问题可能早已经知之甚详了，但股市源于哪个国家，恐怕不是每一个股民都知道的。

股市的起源，最早可以追溯到 17 世纪的荷兰东印度公司。可以说，没有荷兰人，就没有上市公司，也就没有今天的股市。

在 16 至 17 世纪，随着西方航海理论日趋成熟，荷兰、英国、西班牙与葡萄牙揭开了海外扩张的篇章。他们游弋于全球各地，建立了庞大的殖民体系，在各个港口间从事国际贸易。

在东印度群岛一带，很多荷兰人都做着香料生意，但那时香料的价格非常不稳定。若有两条船同时抵达港口，便会导致货物供给过剩，利润受损。为了稳定利润，荷兰商人想出一个好主意，那就是不再"单干"，而是联合起来成立一家带有垄断性质的"公司"，来从事该海域的所有贸易。

于是商人之间不再竞争,而是相互协调的关系。1602年,荷兰东印度公司应运而生,公司高层运用贿赂皇室成员的方法,拿到了为期20年的皇家特许执照,用于垄断从地中海到东印度群岛,以及新发现的所有地区的贸易权。

航海带来的收益极其可观,但风险同样不容小觑。对公司来说,每一次出海都是一场豪赌。成功了赚得盆盈钵满,失败了则可能倾家荡产。暴风雨、搁浅、水手染上坏血病、遭遇海盗袭击……任何一次意外事件都会让出资者血本无归。虽然荷兰人骨子里喜欢冒险,但失败的代价过于昂贵,亏损完全让船主承担,似乎也有些不合情理。

荷兰人很快又想出了解决的办法,那就是建立"有限责任制",把利润和风险加以分摊。每次出航前,荷兰东印度公司首先为本次航行招募资金。在这里,"股东"的概念首次出现了。这些人只负责出资,他们可以既不是船主,也不是商人,目的只是分享此次航行带来的利润;当然,如果航行失败了,他们也必须承担相应的责任。不过这仅仅是一种"有限责任",即意味着损失绝无可能超出自己所投入的本金。

起初,荷兰东印度公司只面向特定的群体进行募资,他们大多是达官显贵,而募集资金的用途也只限于某次特定的航行。所以每一次出海之前,他们都要募集资金。

随着公司规模日益扩大,这种"定向融资"的弊端逐渐显现。一方面是资金量太低,往往仅够几条船只使用,无法供养一支船队,更不必说让几支船队同时出海了。此外,为了防止殖民地的居民"揭竿而起",东印度公司还需要雇佣私人军队,成本巨大。另一方面,荷兰经济的蓬勃发展,使得许多平头百姓也渐渐富裕起来,民间有着大量储蓄,却苦于没有投资渠道让他们"以钱生钱"。好赌成性的荷兰人无法容忍自己坐拥大笔的"闲钱",却毫无用武之地。

在这种状况下,荷兰东印度公司大胆地改革了融资模式,不再选择特定股东,而是面向全体公众募集资金。也就是说,只要有钱,谁都可以成为东印度公司的股东。这公认为是世界历史上第一次IPO,是一次划时代的革命。

IPO不同于先前以"单次出海"为目的的短期融资,其特点在于把"公司"和出资者永久性地捆绑在一起。东印度公司向公众发行了一种特别的凭证,这份凭证不仅代表持有者拥有一部分公司的所有权,而且还永久性地拥有利润的分享权。这意味着从今往后,公司每一次出海,出资人都能从中分一杯羹。如此一本万利的好事,谁会拒绝呢?

这份凭证的名字,就叫作"股票"。

荷兰东印度公司发行的股票,很快就在荷兰民众间掀起了认购热潮,公司从此名扬四海。许多一生连桨也没摸过的人,也开始对公司舰队的一举一动关注有加。每一次出航,成败不定,股价当然也起伏不定。不过在"好赌成性"的荷兰人眼里,这种刺激无疑是难以抵挡的,他们永远不会爱上一个确定的结果。

荷兰东印度公司进行IPO的时候,还没有一个真正意义上的"股市",来为出资人之间相互进行股票交易提供途径和场所。也就是说,获取股票的唯一合法途径,就只有从上市公司购买,而一经购买,就无法再转让。在这一时期,人人都是股市"投资者",而非致力于低买高卖、炒作价差牟利的"投机者"。公众持有股票的目的只有一个——分享公司的成长红利。

试想一下,只要你购买了东印度公司的股票,那么每次航行所带来的利润,便都有一部分属于你!虽然航行途中可能会遇见吃人的土著和冷酷的海盗,船只随时还会遭遇沉船的风险,但毕竟是赚多赔少。这是多么诱人的一件事。公司不少船队甚至持有皇室给予的私掠许可证,可以"合法地"抢劫竞争者的商船……

到了 1669 年时,荷兰东印度公司已是世界上最富有的公司了。他们拥有超过 150 艘商船、40 艘战舰、20000 名员工和 10000 名雇佣兵军队。在认购股份的热潮时期,公司共释出 650 万荷兰盾的证券供人认购,当时的 10 荷兰盾约等于 1 英镑,而 15 世纪 60 年代荷兰一位教师的年薪大约为 280 荷兰盾。仅阿姆斯特丹一地就认购了一半的股份。

那时几乎人人都是荷兰东印度公司的股东,甚至不乏英国人和西班牙人。民间流传的笑话称:"除了被殖民的土著,谁的手上都有股票。"现代股民把 IPO 戏称为"圈钱",实在是再贴切不过了。公司的声望越高,能"圈"到的钱也就越多。

那么,荷兰东印度公司是怎么使用这些钱的?是否真能扩大发展并回报给股东?

企业家、航海者和投机者

荷兰东印度公司通过 IPO 获得了充沛的资金,他们是怎样使用这些资金的呢?

首先,荷兰东印度公司开启了它的加速扩张之路,其航线从地中海一直延伸到非洲的开普敦(荷属殖民地,最重要的补给港口,苏伊士运河开凿前驶往印度的必经之路),再从斯里兰卡西南部港口加勒,直抵今天的印度尼西亚首都雅加达(1619 年,荷兰人征服了这座城市,并重新命名为巴达维亚)。

除此之外,荷兰东印度公司还进行大量区域贸易,航线四通八达,西起阿拉伯半岛,途经印度,东至中国,甚至在日本也有荷兰人的身影。香料、茶叶、丝绸、瓷器、金银……轻松倒手即可大捞一笔。

荷兰东印度公司非常重视股东的回报率。从 1602 年至 1696 年近百年的时间里,公司每年的分红高达 12% 到 63%,谁不买它的股票,简直就是傻瓜了。因此,股票的普及度越来越高,"东印度公司舰队的下一站将开向的目的地"成了街谈巷议的热门话题。

荷兰人对股票的狂热追求,远远超出了东印度公司当初的预期。当然,公司发行的股票数目毕竟有限,而且投资者一旦错过发行期,就再也无法从公司那里认购到股票。怎么办?你若真想拥有股票,唯一的办法就是从其他投资者手中以高于认购价的价格购买。

于是,"股票二级市场"逐渐形成。这便是真正意义上的股市——不只是公司与出资人之间的认购交易,更是出资人相互之间的自愿交易。二级市场诞生后,股票流动性大增,股价也不再是一成不变的认购价,而是像其他任何商品那样,会随着供需关系的变化而反复波动。

虽然股价变幻无常,但仍然以东印度公司的盈利能力为基准,因为股票的根本价值在于能够享受它带来的红利。公司大赚,股价就涨;厄运传来,股价就跌。

所以,股票一经流入二级市场进行交易,便拥有了灵魂。"公司贸易"和"股票交易"这两个东西因此而变得难解难分,好的贸易会让股价上涨;而股价上涨,下一次公司就能以更高的认购价增发股票,从而激励他们下次把贸易做得更加成功。在英文里,"贸易"与"交易"原本就是同一个单词:trade。

股价的飘忽不定,时刻刺激着荷兰人敏感的神经。在他们眼里,任何价格波动的商品,都可以成为赌具——在这一点上股票堪称完美。于是在如火如荼的股市上,慢慢诞生了另一种人,他们并不钟情于东印度公司的分红,而只关注股价本身的变化。只要能预判行情,低买高卖,就可获利,而且这样的操作每天都可以进行。

因为等待公司的分红,毕竟是在赚"有数的钱",但如果把交易做好了,其获利的空间可以说是无穷尽的!这样的人一般被称作"投机者",英文叫 speculator,这个词还有一个意思,是"思考者",因为投机者每天都需要思考,纠结于该买还是该卖,不像"投资者"那样"无所事事",只拿着股票坐等公司发放红利。

拿"有数的钱"安全,但不多,最重要的是"不够刺激"。冒险是荷兰人的天性,或许在企业家、航海者和投机者的身体里,原本就流淌着同一种血液。

"最好"的上市公司

前文提到,股票和股市都由荷兰人最早发明。股市既为东印度公司的海外扩张创造了条件,也让荷兰人的腰包越来越鼓。不久之后,这个神奇的国度又爆发了一轮全民参与的投资狂潮。1634 年,荷兰东印度公司的商船带回一些美丽而罕见的郁金香球茎,引发了举国上下的"郁金香狂热症"。

这是西方历史记载的第一次经济泡沫。到了 1636 年,1 棵价值 3000 荷兰盾的郁金香,可交换 8 头肥猪、4 头肥公牛、2 吨奶油、1000 磅乳酪、1 个银制杯子、1 包衣服、1 张附有床垫的床,外加 1 条船。荷兰人对郁金香的狂热追捧,从另一个角度也可看出他们当时是多么有钱,而有钱的原因就在于多数人都是东印度公司的股东。

最终的结果大家也都猜到了,不久后,郁金香泡沫破灭了。东印度公司大伤元气,其股价从鼎盛时期 IPO 价格的 12 倍,滑落到只有 3 倍。就像其他所有垄断组织一样,东印度公司也难逃在时间与竞争中衰亡的命运。

到了 18 世纪,由于与英国人之间战争不断,再加上国内对亚洲货品的需求量大减,荷兰东印度公司的经济出现危机,终于在 1799 年 12 月 31 日宣布解散,公司遗址为今天的阿姆斯特丹大学。

虽然荷兰东印度公司对殖民地的居民横征暴敛,镇压屠杀,在历史上扮演了极不光彩的角色,但从经营的角度来看,它无疑是成功的。发行股票不仅让公司发展壮大,而且所有股东都切实享受到了超高回报。可以毫不夸张地说,荷兰东印度公司不仅是世界上第一家上市公司,也是最重视股东利益的公司。公司平均每年的回报率为 40%,这要是放在今天的股市,简直是不可想象的。

而今,又有多少股民真正重视上市公司的分红呢?人们只是把股票当作赌博的骰子,追涨杀跌,"押大押小",至于公司究竟在用 IPO 的钱做什么,乏人问津。继荷兰东印度公司之后,许许多多上市公司应运而生,股票交易市场也日益兴盛。

此时此刻,一些不那么诚实的公司发现:只要能上市发行股票,哪怕不做任何业务,一样可以大发横财。重要的不是你能盈利,而是让别人相信你能盈利。"空手套白狼"的始作俑者,是 18 世纪初的英国南海公司。

英国南海公司泡沫事件、荷兰郁金香泡沫事件和法国密西西比泡沫事件,并称为欧洲早期的三大经济泡沫事件。"泡沫"这一词就始于英国南海事件。

第一家"国有企业"

疯狂、恐慌、崩溃,这是所有泡沫的宿命。人性贪婪的弱点,决定了泡沫缘起和破灭的悲剧,英国南海泡沫事件就是最好的明证。

英国南海公司成立于 1711 年。其采用贿赂官员的方法,拿到了皇家贸易特许执照,可说是"正宗"的英国国有企业。它之所以受到热捧,也并非因为经营有方,而是因为它和政府之间那层讳莫如深的纽带关系。

"不论谁破产,南海公司绝不会破产!"18 世纪初,随意走进坊间的酒吧,人们结伴吹嘘或攀谈的话题十有八九是南海股票。当年,南海公司垄断了英国对南美洲及太平洋群岛地区的所有贸易,而这两个地区被人们视为商机无限。得天独厚的贸易优势,再加上它的政府背景,使得英国民众对南海股票的赚钱能力深信不疑。

1720 年年初,公司原始股价约为 120 英镑;至同年 7 月,就急升至 1000 英镑以上。那时,"政治家忘记政治,律师放弃打官司,医生丢弃病人,店主关闭铺子,牧师离开圣坛,就连贵妇也放下了高傲和虚荣"。

"买南海"不只是富人的特权,为了"照顾"囊中羞涩的穷人,南海公司大胆推出了"贷款买股"业务,也就是我们今天说的"融资融券"。投资者自己只要掏出一成本金即可投资,其他九成由南海公司贷款,以分期付款的方式归还即可。

例如,购买 120 英镑的原始股,投资者自己仅需出资 12 英镑,剩下的 108 英镑以年息 10％的贷款支付;半年后当股价上涨至 1000 英镑,投资者归还 108 英镑贷款,外加 5.4 英镑的利息,净获利润 874.6 英镑,相对于初期的 12 英镑本金,利润率超过 7288％! 而且只需半年的时间。但如果股价下跌,亏损也会以同样的倍数放大。不过这怎么可能? 日不落,股价怎么会落?

事后证明,这轮狂热从一开始,就是南海公司与英国政府精心策划的阴谋。当年,英国政府之所以为南海公司颁发垄断许可证,就是为了解决棘手的财务问题。因为 1711 年,英国政府在与西班牙的王位继承战争中,欠下 5000 万英镑的长期债务,这些国债一半以上为英国民众所持有,利率高达 7％到 9％。如何"赖掉"这些利息,一直是困扰财政部的头号难题。

万般无奈下,财政大臣罗伯特·哈利(Robert Harley)灵光乍现。他建议政府帮助建立一家实力雄厚的公司,允许该公司发行股票去交换公众手中的国债。当国债悉数落入这家公司时,一切都好谈了。这便是南海公司成立的缘由。

1720年1月,南海公司和英国政府达成协议:南海公司同意从市场收购3160万英镑国债,可接受的利率为5%,从1727年夏天后,利率将进一步下调至4%,且无条件向政府支付400万英镑,作为获取贸易特许执照的回报;政府则允许公司用增发股票的方式,与市场投资者"交换国债"。

这项协议对政府的好处是,每年支付的利息由9%减到5%;但在"股票换国债"的计划中,南海公司的好处首先是,收入现金流是每年从政府那里获得5%的国债收益,至1727年后进一步降至4%;而公司的支出现金流则是每年向股东分发X%的股息,额外支出为一次性向政府支付400万英镑。

由此可见,当股息X%大于5%的时候,显然是公司赔钱,因为南海向股东发放的红利,超过了公司持有国债所能获得的利息。南海公司想要从中得到好处,唯一的可能就是:向股东提供的股息回报率低于5%。

国债利率是9%,把它置换为股息不足5%的南海股票……国债持有者会如此愚蠢吗?显然不会。然而,只要把公众从"稳健的思考者"变成"贪婪的投机者",就容易多了。要做到这一点,首先必须运用谎言,其次要想办法使股价快速上涨,而且要让所有人都认为"明天还会涨"。

在贪婪面前,绝大多数人都很短视,甚至是两眼一抹黑的,他们对股价总是比股息来得更加敏感。毕竟,如果购买南海股票能一夜暴富,谁会在意9%的固定国债回报率?后来的事实证明,操纵民众并不困难。

首先，南海公司和政府有着密切的关系。政府对"股票换国债"计划的支持减少了英国民众的隐忧；其次，南海公司的虚假宣传和广告，如"买南海，财富来"的口号传遍街头巷尾。

1720 年年初，原本 128 英镑的南海公司股价，到 3 月便上升至 330 英镑；4 月的时候，南海公司以每股高达 300 镑的价钱售出 225 万股股票；而 5 月份南海股价已上扬至 500 镑，6 月升到了 890 镑，7 月更上升到每股 1000 英镑；尽管每股逾千镑了，南海公司在这个价位仍然售出 500 万股。

南海公司的计划在取得御准后不出数星期，就成功地向逾半数国债持有人换取债券，使他们成为公司的股东之一。

与郁金香一样，泡沫终会破灭。疯狂之际，人人以为南海公司"能赚大钱"，实际上，因 1718 年英国与西班牙交恶，根本没有业务量，其利润完全来自增发股票和购买股票的投资者。

1720 年 7 月，南海公司股价从 1000 英镑急速下滑，不到两个月已跌至 900 英镑，那时知情的内幕人士及时脱身，免却了惨败的下场。到 9 月 9 日，股价已暴跌至 540 英镑，恐慌占据了市场，人人想尽办法抛售股票；至 9 月 28 日，南海股价已暴泻到 190 英镑一股，至 12 月，市值只剩每股 124 英镑了。

在这场阴谋中，英国政府与南海公司都是赢家，最惨的是在泡沫顶峰时接盘的投资者。著名的物理学家牛顿爵士也是南海泡沫事件的受害者之一，他在第一次进场买入南海股票时，曾小赚 7000 英镑，但第二次买进时已是股价高峰，结果大蚀 2 万英镑后离场。

牛顿感叹道：我能算准天体的运行，却无法预测人类的疯狂！

06

内幕交易的"罪与罚"

内线交易或许是对"股市阴谋"的最好诠释。从第一家上市公司成立迄今，内幕交易无时不在、无处不在，无论是"成熟的证券市场"，还是所谓的"新兴市场"，二者之间的区别，无非就是在新兴市场里，它更加肆无忌惮，而在发达国家的证券市场，它相对隐蔽且难以被定罪。

股市"老千"

自荷兰东印度公司发行首只股票以来,股场"老千"可谓"豪杰辈出"。而"老千"最早的乐土,是 18 世纪北美那片刚刚独立的土地。那时还没有"证券交易所",所有交易都在场外进行。股票交易缺乏完善的管理规则,股市自然成了"老千"兴风作浪的乐土。

威廉·杜尔(William Duer)可说是股票交易史上最大的"老千",几乎以一己之力操控了整个股票市场。杜尔 1747 年出生于英国,早年经营地产业,对市场的"行情"有着令人惊羡的敏锐嗅觉,在他手上鲜少积压卖不掉的存货。做地产免不了跟政客打交道,这也让他在年轻时就锻炼出一套与政府官员斡旋的本领。

不久美国独立战争爆发,杜尔坚定地反对英军并入选大陆会议。在战争中,杜尔凭借其超凡的经商能力做着向大陆军供应物资的生意,借此大发横财。

1789 年,美国财政部正式成立,第一任财政部长是亚历山大·汉密尔顿(Alexander Hamilton),当时财长助理的位子仍然空缺。汉密尔顿与杜尔私交甚笃,非常看重杜尔的商业才能,但对他的投机嗜好颇有顾虑。不过经再三权衡,汉密尔顿最终还是把这个职位留给了他。

在财政部内杜尔广结关系网,在股市中永远扮演着先知先觉的角色。当时的美国根本没有"信息披露"制度,谁拥有信息的先知权,谁就拥有打开财富之门的金钥匙。

1791年年底,市场上盛传合众国银行要收购纽约银行,并要将其变成合众国银行在纽约的分行的消息,但是谁也不能确定这一消息是否属实。当然,一旦有任何风吹草动,最先获悉消息的一定是杜尔。

杜尔通过分析广袤的消息来源,认定这是人生难得的一次投机机遇,其他富豪也表示了与他合作的意愿。很快,杜尔与纽约富豪亚历山大·麦科姆(Alexander Macomb)达成了为期1年的合作协议,该协议规定由麦科姆出资对纽约银行的股票进行投机,杜尔则凭借其从财政部获得的各种内幕消息,以及他自身的投机天分,从中分享50％的利润。杜尔用麦科姆的资金购入大量纽约银行股票,以期在消息证实后大涨。

不过,在银行合并的事情上,即便神通广大的杜尔也没有十足的把握。他担心一旦消息落空,这笔钱就捞不到了。于是,狡猾的他很快便想出了一个万全之策:如果我再找一个合作伙伴,用他的钱反手做空纽约银行股,不就相当于上了一个双保险吗?

做空是一个在股票下跌中获利的过程。例如,某只股票的当前价格是30元,你预计一个月后该只股票会跌到20元,那么你可以先从别人那里借1000股,随即抛售获得30000元现金;若一个月后股价真的跌至20元,你只需要以20000元现金,便可以买回那1000股还给别人。这样一来,你净获利润10000元。当然,借别人的股票得支付利息,但是相对于 10000 元的获利,利息成本不过是九牛一毛。

　　杜尔在帮助麦科姆"做多"纽约银行股的同时,自己却偷偷摸摸地"做空"这只股票。他说服了纽约另一个富豪利文斯顿家族,一起加入做空者的行列。尽管杜尔费尽口舌讲解,利文斯顿一家还是对"做空"的概念一知半解。不过因为杜尔声名远扬,又是在政府工作的"线人",他们对杜尔的判断毫不怀疑。

　　杜尔所采用的这种"双向策略",现代金融称之为"对冲"。杜尔大概也是股票史上最早采用"对冲"策略的人。有人或许会纳闷:"一头做多股票,另一头又做空股票。不管股价涨还是跌,都是一头赚、一头赔,最后不是白忙活一场?"

　　杜尔当然不会做无用功。这里的关键在于:杜尔是在用别人的钱玩对冲,即我们现在常常说的 OPM(Other People's Money)。他的如意算盘是这么打的:"如果合并真的发生,那么纽约银行股会暴涨,赚来的钱我和麦科姆对半分,利文斯顿就让他倒霉去吧,亏损由他们自己承担;若合并落空,股价大跌,那么我就和利文斯顿家族分蛋糕,麦科姆就自己认栽吧,我只跟你说分享 50％利润,没跟你说过承担 50％亏损。"

　　由于杜尔和麦科姆的合作在明处,而与利文斯顿的密谋在暗处,公众只知跟着杜尔买进纽约银行股,于是股价越追越高,合并的消息还未传来股价早已暴涨数倍。

　　"跟着杜尔,没错的!"市场大批投机者跟风,其规模之浩大远远超出杜尔的想象。这一局面更让杜尔坚定了自己看多的态度,他还认为:相对于纽约银行,其他银行的股票处于"价值洼地",更具投资价值。于是,他借来大笔资金买入其他银行股,如百万银行。

　　此时,"做空"纽约银行股的利文斯顿家族坐不住了,他们不可能坐视自己的利益遭受损失。杜尔错就错在低估了利文斯顿家族的实力,在老虎头上拔毛。

为了扭转局势,利文斯顿家族开始大量从银行提取黄金和白银,同时迫使银行实行信贷紧缩。在这些举措之下,银行利率很快就飙升至日息1%以上。信贷紧缩使纽约银行与其他各银行的股价一泻千里。杜尔虽然在纽约银行股票上做了"对冲",可是他还大量举债"做多"了许多其他银行股,这些股票一下跌,就唯有认赔了。

正所谓祸不单行。与此同时,财政部的审计员发现杜尔还从财政部的账上挪用了23.8万美元。财政部正式起诉杜尔,要求追回这笔款项。时运急转直下的杜尔并未绝望,他四处借钱,试图补上这个大窟窿。然而墙倒众人推,此时谁会借钱给他呢?很快,杜尔便因挪用公款和欠债不还而锒铛入狱。

知道威廉·杜尔的做法后,汉密尔顿感到非常震惊。1792年3月2日,汉密尔顿发表文章称:"这时,必然有一条界线横在诚实的人和投机的恶棍之间,在受尊敬的股东和经销商的资金之间,是无原则的赌徒。"

威廉·杜尔的结局如何呢?汉密尔顿曾试图救他出狱。不过,法律是无情的。威廉·杜尔只获准了短期的保释,之后,又被押回监狱。1799年,他死在监狱中。

杜尔,这位股市操纵者最终只能在狱中度过短暂的余生。

当公平交易被打破后

资本市场从诞生的第一天起,就充满了争议。来到证券市场的各色人等,良莠不齐、泥沙俱下。有普通投资者,有恶意操纵市场的庄家,也有像杜尔这样的政府官员,寡廉鲜耻利用职权之便进行股市投机。1792年杜尔投机失败,很快在北美股票市场掀起一次大恐慌。

　　那时,从渠道获取内幕消息并进行交易,被认为是合法的行为。杜尔入狱的消息一经传开,股市便开始加速下跌。第二天,当时仅在纽约那片并不大的金融社区里,就发生了 25 起破产案。金融市场一片狼藉。

　　一个杜尔的破产就摧毁了整个市场,是什么原因呢? 纽约的股票经纪人后来意识到,这与无序的场外交易有关。杜尔所处的那个年代,美国没有股票交易所,也没有所谓的"证券从业资格认证",任何人只要愿意,都可以成为股票经纪人。这就带来了两个问题:

　　首先,股票价格谁说了算? 没有交易所,没有报价牌,股票价格完全由买卖双方相互商定,这是场外交易的特色。但"讨价还价"也总得有个参考价吧? 于是,普通股票交易者往往会参考"权威"。比如,杜尔买这只股票出这个价,人们便会在这一价位上谈交易。在场外交易中,"主力"起到了价格标杆的作用。当然,这也为其操纵股票价格大开方便之门。

　　其次,谁能保证经纪人的信用? 通常来说,股票经纪人发挥着两个作用:一是作为交易"中介",找到股票的买家和卖家并撮合成交;二是提供市场信息。最重要的是市价,买卖双方需要知道一个"价格区间"。例如经纪人可能会告诉你,前一笔交易杜尔出了这个价,你至少应该出多少钱,以及这只股票近几日的成交量和换手率大概是多少……

　　由于经纪人同时扮演着"中介"和"看盘"的双重角色,为了撮合成交,他们存在着提供虚假消息的动机。当时美国股市并未建立一套约束股票经纪人的信用机制,导致"黄牛"泛滥,骗完了上家又骗下家。这些人本来就没什么声誉,当然也不在乎名声受损。

　　杜尔投机所引发的金融混乱,使得美国股市的发展一度陷入停滞,民众谈股色变。市场急需一套能够挽回人们信心的股市交易规则。

　　1792 年 5 月 17 日,24 位股票经纪人在华尔街 68 号的一棵梧桐树下,签署了著名的《梧桐树协议》(*The Buttonwood Agreement*)。协议约定:所有股票交易都在他们 24 个人之间进行,且股票交易佣金不得低于 0.25％。24 位经纪人全都具有良好的信誉,而且报价都放在场内统一进行,这就意味着再也没人能够在价格上欺骗散户。

　　《梧桐树协议》被认为是美国金融业进行行业自律的开始,它开了美国证券史上市场自我监管的先河。这套监管系统可以说是市场在"痛定思痛"后自发形成的,与政府无任何关系。自由市场的魅力就在于它的自我纠偏机制。也就是说一个系统一旦发生无序与混乱,会自动出现行业自律,否则该行业就会变得无人敢再介入,只能日渐式微,最后消亡。

　　有人认为《梧桐树协议》是在政府的指使下才出台的,其实不然。一个离不开政府监管的市场,是最不具活力,甚至无法长期存在的市场。汉密尔顿和此后数百年来的无数的政府精英,他们竭尽全力、绞尽脑汁,试图寻找一条"好人与恶棍的分界线",来区分像杜尔这样的无赖赌徒和受人尊敬的投资者。然而两个多世纪以来,他们的努力所得到的充其量不过是喜忧参半的结果。

　　因为当两人之间的自由买卖必须通过政府批准才能进行时,交易成本就会大幅增加。政府酷爱监管的根本原因,一方面是保护投资者,而更重要的一方面是征税。虽然今天欧美的金融监管相比百年前不可谓不严,但 2008 年的金融海啸还是发生了,作为普通投资者想保护自己的财富不被侵蚀,只有认清市场。

"狐狸裁判"

美国独立战争胜利后,经济发展异常迅猛和强劲。100 年间,这片新生的美利坚乐土上蕴藏着无限商机。海外的商贾富人纷纷携款而来,与当地的生意人云集在此,四处寻觅着让财富翻番的机会。

债券当然是首选。美国政府发行的国债,被认为是安全性最高、流动性最强的投资品种。不过联邦政府每年只发行数量有限的国债,无法满足投资者贪婪的胃口。买不到国债,就只能购买州政府债券和市政府发行的地方债,特别是那些对外保持长久联系的城市,如波士顿和纽约。这些政府债券永远不愁找不到买家。

企业的发展也是蒸蒸日上。《梧桐树协议》的签订揭开了证券市场行业自律的新篇章。在纽约,新兴的华尔街股票市场渐渐成为美国本土企业最重要的融资途径。上市公司借此获得用以扩张的宝贵资金,老百姓参与股市的热情也空前高涨。虽然证券行业的规则在不断完善,但是像威廉·杜尔那样的投机者却并未消弭,而且——永远不会。

19 世纪初,铁路作为新兴产业横空出世,它大大缩短了陆上运输的时间,毫无疑问是一次革命性的突破。这一行业潜力巨大,留给投资者无限的想象空间。那时,美国百姓对铁路股的热捧,绝不亚于 21 世纪初大家对 IT 行业的追逐。

哈莱姆铁路公司是纽约早期的铁路公司之一,自从该公司的股票在纽约证交所正式挂牌交易后,铁路股立即成为市场的宠儿。

"买入铁路股,后半辈子不吃苦!"人们奔走相告。

然而,后半辈子究竟吃不吃苦,并不是普通大众说了算,而是少数人说了算。

尤其是那些扑朔迷离的政策,让炒股充满了风险。其实,任何新兴证券市场都注定了将是"政策市",襁褓之中的华尔街亦不例外,金融投机与翻云覆雨的政策变化如影随形。

正当铁路股一发冲天之际,一位名叫金布尔(Kimble)的议员公开出来"放话":"我坚决反对哈莱姆铁路公司增发股票!"

金布尔来头不小,他是纽约州参议员,又是立法委员会委员,说话很有分量。如果他想做什么,最终十有八九能成事。几番过后,市场对他的话形成了"心理预期自我实现"[①]效应。金布尔这番表态,美国股民的第一反应是:"这家伙自己一定持有很多哈莱姆铁路股。"

这可是个天大的利好消息。股票增发意味着现有的股权被稀释,会导致股价下挫。大家普遍看好哈莱姆铁路股,可又对公司即将推行的增发心有余悸。在国会中具有影响力的金布尔此时反对增发,无异于给股民吃了一颗定心丸,让他们放心大胆地继续"做多"铁路股。消息传出后,哈莱姆铁路公司的股票果然再创新高。

此举正中金布尔之下怀!

原来,反对增发不过是在下套。现在,收网的时刻到了。金布尔和他的同僚当机立断,反其道而行之,借这个利好消息大量抛售手中的哈莱姆股票。天真的公众对即将临头的大难一无所知,乖乖地做了金布尔他们的对手盘,大批吃进,还以为自己捡了便宜。

顺利出货!金布尔等人狠赚一笔。此时哈莱姆铁路公司的股价虽然下跌,但

---

① 即在抱有某种预期的前提下,人们会能动地采取行动,使客观世界发展符合自己的预期。例如,市场上传出某只股票的利好消息,股民普遍对其股价的上涨充满信心,纷纷购买,于是该股的价格果然如预期实现了上涨。

由于买盘极其旺盛,跌幅并不是很大。阴险毒辣的金布尔,此时并没有"见好就收",由他操控的下半场游戏才刚开始。他笃定股价还会进一步深跌,于是对哈莱姆股票实施大量的"裸卖空"(naked short)操作。

所谓的"裸卖空",是指在手上完全没有股票的情况下"卖出"股票,即买家给了钱,卖家先不支付股票,而是承诺延期支付(当然有利息成本),即在未来某个时间从市场上买入,再支付给先前的买家。如果在此期间股价下跌了,那么下跌部分的差价便会成为自己的利润。"裸卖空"和卖空都是"先卖后买"的高风险操作。在众人纷纷看好某只股票的牛市氛围下,若没有十足把握股价会见顶回落,这么做十有八九是找死。

金布尔当然不会打无把握之仗。哈莱姆铁路股"布空"完毕,现在万事俱备,只欠东风。金布尔又一次利用自己的职权玩起了花样。为确保股价下跌,他风向突变,敦促立法委员会推出一项法案,鼓励铁路公司扩张。鼓励扩张就是鼓励增发,也就是稀释投资者手中现有股票的价值,这和他之前的表态相比,来了个 180 度的大转弯。

本已"高处不胜寒"的哈莱姆铁路股这下遭遇致命打击。增发还是不增发,原来不是上市公司说了算,而是金布尔说了算!消息传出后,果不其然,哈莱姆股价惨遭滑铁卢。提前"布空"的金布尔不仅赚得盆盈钵满,而且再一次抓住机会,当股价处于超低价位时大批吃进⋯⋯

"股价上涨,我赚钱;股价下跌,我赚得更多!"

"金布尔手法"在日后的股票交易史上被反复重演,其基本思路就是控制可交易的股票数量,然后通过操纵信息和政令受益。赚钱的要义,就是抢占先机,事先布局。

出其不意地宣布新的政策,是"狐狸裁判"的常用伎俩。有时政客也会与企业高管联合起来坑害中小投资者,反复不断地出台政策或释放真假难辨的消息,目的当然是推动股价朝他们期望的方向运行。美国共和党人中流传着这样一种说法："你若看见某企业家和政客共处一室,永远不要指望有什么好事发生。"

华尔街没有新鲜事

内幕交易或许是对"股市阴谋"的最好诠释。从第一家上市公司成立迄今,内幕交易无时不在、无处不在,无论是"成熟的证券市场",还是所谓的"新兴市场",二者之间的区别,无非就是在新兴市场里,它更加肆无忌惮,而在发达国家的证券市场,它相对隐蔽且难以被定罪。

随着监管体制的不断完善,现在的政客想要从股市中获利,已经不像金布尔那般容易了。但是,这并不意味着政客、企业高管与散户就站在了同一条起跑线上。

2004 年,美国佐治亚州立大学发布了一份调查报告:自 1993 年至 1998 年,美国参议员的股票收益要比市场平均水平高出 12.3%,公司内部人士的股票收益比平均水平高出 7.4%;家庭散户的股票收益比平均水平低了 1.5%。

而 2011 年 5 月,据 Alan Ziobrowski 博士的调查发现,从 1985 年至 2001 年,美国众议员在股市的年收益率比市场平均水平高出 6%。这是议员利用非公开信息获利的有力证据。至于他们是如何做到的,调查者与监管机构均不得而知。但铁的事实说明:内幕交易与政令操控一直都存在,很早以前就有这种现象,只不过监管者未必能发现罢了。

散户们迷信消息和技术分析,内线与庄家们却在暗自发笑,跟进消息的明摆着被上套;而技术分析的滞后性,让散户与"先机"永远绝缘。在一场零和游戏中,若有人注定赚钱,就有人注定要赔钱。

07

分析师与"占卜师"

"瞎子给瞎子领路，结果就是两人都掉进坑里。"

——《圣经》新约，路加福音 6:39

游走江湖的股评家

在股市中,如果说证券分析师是"正规军",那么股评家就好比"游击队"。这些股评家通常手捧笔记本电脑,游走于各个电视台和地方讲堂,像极了帝国时代手拿水晶球的占卜师。无论是股评家还是占卜师,他们或许只是出生的时代不同,不管是真是假,人们总是宁愿相信,他们有预知未来的能力。

但令人惊奇的是,这些股市占卜师却不愿相信自己的预测。最典型的表现就是,他们很少购买自己推荐的股票,还美其名曰"为了保证分析的客观性和中立性"。如果股评家对自己的预测真那么有信心,理所当然应该"身先士卒",然后就像他们推荐给散户的那样——长期持有。

美国 FOX 电台著名节目主持人格林·贝克(Glenn Beck)一次在自己的脱口秀节目中质问宣称成功预测 2008 年金融危机的女作家:"您真的成功预测了 2008 年的金融海啸吗?"

"是的,我在好几本书里都有预言。"

"那您自己有没有根据您的预言投机呢？如果这样做的话,您现在应该已经腰缠万贯了。"

"不,没有。我的兴趣只是预测,我自己不喜欢交易。"

"哦,也许这说明您当时并不确定。"

"不,我非常确定,那场债务危机一定会发生。"

"既然如此确定,您为什么自己不下单？如果有人白送您 100 万美元,您会拒绝吗?"

女作家被问得哑口无言……

股评家自己不做股票,只能是因为他们在股市中根本无法赚到钱,所以才出来为别人"指点迷津",或"传道授业"。

"瞎子给瞎子领路,结果就是两人都掉进坑里。"——《圣经》新约,路加福音6：39。

在中国的 A 股市场,股评家可以说是比比皆是,而且无论在哪里都讲得头头是道。民间有个笑话称:"当你发现出来讲课的专家越来越多时,说明市场正处于熊市。"这些以证券为生的人,自己无法在股市赚到钱,所以只好出来用讲课、评论的方式"忽悠"大众。

一个铁的事实是:中国资本市场二十几年,好像还没出现过一个能长期稳定获利的"神"。曾在上海滩红极一时的股神阚治东、蔚文渊、管金生,都先后遭遇牢狱之灾,淡出江湖,仅存的"某百万"现在也几乎是"金盆洗手",靠讲课、卖书、卖软件谋生,因为自己做的股票尽数赔钱。

"股神"真的存在吗?

由股评家晋级而成的"股神"们,又是如何忽悠普通散户的呢?

这是一个"股神"辈出的时代,特别在牛市,每一个炒股的人都感觉自己是神。许多原本从未听说过的称号,什么"带头大哥""台湾股神"纷纷游走于股市,据说从他们那里可以取到炒股稳赚不赔的真经。

2008年,各大金融网站上赫然出现了"胡立阳"这个名字,号称"台湾股神"。不过,谁也不知道他是先赚大钱成为"股神"的,还是成了"股神"之后才赚大钱的。

"每个人都想在奥运会之前跑,你相信我这一次,一旦你跑了,肯定会后悔。我的建议是,如果你成功出逃,那赶快再买回来。现在所有人都很紧张,一有风吹草动就都想跑,不仅A股,整个世界股市都是如此。但是要知道,别人的任何错误都是在为你累积财富。"胡立阳有模有样地告诉股民要坚信奥运行情定会出现,A股将重返4000点。

结果大家有目共睹。

"神",但可高山仰止,岂能等闲视之?不提那些暗中作梗的伪"股神",在完全遵守股市规则的条件下,仍然能大赚特赚的"股神"真的存在吗?

巴菲特不是你"爷爷"

论起股神,受到中国人尊崇的"股神"巴菲特,是历史上成功的投资者之一,在每一年由巴菲特主持的公司股东大会上,从世界各地慕名前来的与会者就达到两万多人。因为 50 年间,巴菲特的投资公司平均每年的投资回报率达到惊人的 31%。他的"买入并持有"(buy and hold)被各大财经媒体所称道,因此被捧上了"神坛"。

在金融市场中,沃伦·巴菲特的形象是最正面的,特别是在中国,他受到了亿万投资者的追捧,拥有粉丝无数。人们对他的崇拜几近宗教一般,尊奉他为"股神",更把他当作了慈眉善目的老爷爷。但凡和他沾边的书籍杂志一上市,就会像《圣经》般地即刻畅销,因为人们觉得他会"无私"传授给大家发财的秘诀,他的话语自然也就被当作了座右铭。

我也曾是巴菲特的拥趸,对他特别关注。但这些年来却渐渐地发现,巴菲特的言行并非一致,经常出尔反尔,声东击西,真可谓"兵不厌诈"。

事实上,巴菲特长期持有、"打死都不卖"的股票,占其总资产的比例不到 20%,而他更多的资金则用于"中线趋势投机",比如买卖中石油股票。

一贯坚持"只买不抛"的"股神",在 2003 年首次购得价值 5 亿美元的中石油股票。消息一公布,就有成千上万的巴菲特追随者相继跟进,他们全都攥紧中石油的股票,死也不肯抛。大家太相信世界首富的投资策略,以为只要握紧"股神"选中的股票,自己就一定能像他那样发大财。

"股神"果然不负众望,苦苦守候了 4 年,等他的追随者差不多都进场了,便在 2007 年 7 月悄悄抛售了最初买进的中石油股票,单单这一笔就从其他股民身上赚走 35 亿美元;同年 10 月,"股神"将这 4 年间先后买入的中石油股票全部抛售。

应该说"股神"所赚的每一分钱,都导致了中国股民的巨大亏损。他先是大量买进,从而站在财富金字塔的最顶端,随后信奉"股神"的人们一一跟进,在金字塔的底部"严防死守",等"股神"卖掉股票后转身离去,剩下的残局就只有垫底的人去收拾了。

由于巴菲特长期投资并大量持有上市公司的股票,比如大家津津乐道的可口可乐、华盛顿邮报和美国运通等,所以是当然的董事会成员,拥有真正的话语权,对这些企业的经营战略和经营管理具有足够的影响力。一旦这些企业发生战略性衰退,巴菲特便能在第一时间获知信息,卖出股票自然占尽先机。

此外,我们所看到的巴菲特的买股新闻,其实都是他直接投资公司买入的"原始股",而绝不是普通投资者在二级市场上购买的股票。这些优势是普通投资者根本没有的。

请记住,真正能在股市中做到长期获利的人,是绝不会把自己稳赚不赔的秘密告诉你的!

唱空和唱多的阴谋

自从有了微博之后,我经常看到一个市场(如房市、股市、金市)中唱多派和唱空派隔空互掐,好不热闹。其实,任何一项交易都是由唱多派和唱空派合作完成的。买方是唱多派,卖家就是唱空派,两方缺一不可,一个愿打一个愿挨,吵吵闹闹如同欢喜冤家。所以,唱多派和唱空派大可不必伤了感情,应该相互感谢才是。

唱多派因为唱空派的存在才能在他所想要的价格买入,与此同时,唱空派因为唱多派的存在,才能使得做空成为可能。假如一个市场中全是唱多派(只有买家没有卖家),或者都是唱空派(只有卖家没有买家),那还能成市吗?

至于唱多派和唱空派谁能看准市场,那就更没有必要相争了。千金难买早知道,市场若有效,那每一派的胜算都只有 50%。因为在一个市场中,当唱多派多于唱空派时,市场向上,当唱空派多于唱多派时,市场则向下,如此不断循环,就好似月圆月缺、潮涨潮落。而金融大鳄之所以能成大鳄,就在于他们能够巧妙地利用传媒控制舆论,自己要做多时就唱空市场;反之,自己要做空时就唱多市场,以此来忽悠后知后觉的广大散户。这就是散户总是傻乎乎地被唱多派(或唱空派)任意宰割的原因。

所以我一般不对投机市场做预测,因为股市也好,房市也罢,包括金市,早就成了庄家机构忽悠大众的利器了。对于他们来说,最好就是涨涨跌跌、跌跌涨涨,他们唱空做多、唱多做空,从中获得巨大的利润。犹如桌上有半杯水,乐观的人看多,他们会说:不是还有半杯水吗?而悲观的人看空,他们会感叹:啊呀,就只剩半杯水了。

当唱多派和唱空派达到平衡时,价格一般是合理的。合理的价位,反映出来的就是真正的供求关系。一旦失去了平衡,供求关系被扭曲,价格也会随之被扭曲。

不过话虽这样说,很多读者可能还是会希望经济学家、金融专家能指出市场的走势,以便让他们能够掌握先机、知道何时进退来赚到钱。很遗憾地告诉大家:市场具体走势无法准确预测!

市场走势无法准确预测

经济学家有两种作用:作为科学工作者,他们用研究和测试的理论来解释他们周围的世界;作为政策顾问,他们用自己的理论来影响、帮助决策者,并改变这个世界,希望使之变得更好。所以,经济学家和发财致富根本就不是一个概念!请看看他们自己是怎样理财的吧。

对股市、房市、金市以及大宗商品的未来走向，我一般都不做预测。因为经济领域涉及太多的变量，更由于金钱财富最易使人沉醉痴迷，又因为再好的经济金融模式，用再快的计算机模拟模型，也无法把人们渴望发财的欲望计算到位。因此面对变幻莫测的市场，每个人都可能随时随地做出不合理和无法预见的举动。所有这些复杂因素再加上人性之疯狂，使得市场根本无法预测。

也正因为如此，当有些财经记者和网友问及能否预测一下中国股市和房市的走势时，我几乎每次都回答说："对不起，我不是算命先生。我只能点明出现的经济问题，提醒百姓趋利避害，同时提出有效的建议以及解决方案，而不是去预测市场走向。"

如果有谁真能一直准确地预测市场走向，那就只有两种可能，要么他是神，要么他是内线，而内线透露信息是非法的！除此之外，再要是有人告诉你他能准确预测，那他不是在忽悠你，就是别有用心。

难怪有人指责经济学家为什么不能预见危机的爆发，并及时提出解决之道。特别是近二三十年间，大大小小的金融危机一个接一个。与此同时，诺贝尔经济学奖的获得者，在过去的十几年里少说也有几十位，这些人都有经济领域最聪明的大脑，为什么没人能准确预料经济危机的发生呢？为什么这些最聪明的人没能预防和阻止危机的发生？

关于这样的疑问，调侃西方经济学家的玩笑就特别多，这里不妨说给大家听听，以博大家一笑。

在南加州大学的教育学系，有个教授名叫劳伦斯·彼得（Laurence J. Peter），他在 20 世纪 60 年代非常有名，著有《彼得原理》（*The Peter Principle*）一书，书中最著名的段子这样描写：人们在金字塔形的结构中向上爬的时候，无论是企业还是政府部门,最终一定会爬上一个他所不能胜任的职位。因为开始时,人们都是从能胜任的低级职位做起,然后一步一步往上爬,渐渐会爬到自己能胜任的最高位置。而再往上爬时,就是他所不能胜任的了。经过一定的时间,金字塔中所有的位置,便被不能胜任该职位的人员所占据;而真正做事的人,是那些还未爬到他们不能胜任的角色的人,结果当然可想而知了。

而劳伦斯·彼得又是如何评价经济学家的呢?他说:"经济学家是专家,到了明天他们一定会知道,为什么昨天预言的事情,今天还没有发生。"另一个玩笑则说,经济学家是那些自说自话的人,他会让你觉得听不懂是你自己的问题,"我是预测过了,至于你信不信由你,反正我是相信自己的预测的"。

所以,当经济学家对危机的解释和预言受到非难,人们多少是有些幸灾乐祸的。这里套用一句华尔街的名言:"It's not about time, timing!"所谓的"市场无法预测",所指的就是无法预测 timing(时机,指一个时间点),而不是 time(指长期时间趋势)。就像凯恩斯最著名的名言:从长期来看人总是要死的,但没人知道何时会死!

向"乌鸦嘴"致敬

然而,有些财经专家倒是挺喜欢预测的,特别爱预警,但那又常常会被人们嘲讽为"乌鸦嘴"。因为在判断和分析事物时,特别是在分析经济形势的宏观走向时,经济学家面对各种经济数据,会得出完全不同的结论。乐观的经济学家常被冠以"鼓吹手"的名号,而悲观的经济学家则常被称为"乌鸦嘴"。

且不论"鼓吹手"和"乌鸦嘴"之争孰是孰非,一般来说,没有"乌鸦嘴"是非常可怕的。比如 20 年前的日本,因放松信贷形成房地产泡沫,最终导致经济崩溃,使日本经济停滞了 20 年,至今都没有缓过劲来。日本学者事后调查表明,当初房产泡沫越吹越大的时候,日本央行的官员和主流媒体,没有人公开对泡沫破灭表示过担忧。也就是说,当年日本没有一个"乌鸦嘴"的经济学家。

话虽如此,不过乌鸦嘴就是"讨人嫌"。

当今的市场早已被人为地过度干预了,极度扭曲,那只"看不见的手"几乎失去了应有的功效,那种企图靠金融市场来理财的人,如意算盘大多会落空,金钱多半将从普通人的口袋里转入庄家或大鳄们的腰包。

因此我认为,发财没有固定模式,任何人的发财模式都无法复制,更不可能普及。理财本身并不创造财富,普通百姓理财能够达到保值的目的就不错了。所有关于"发财秘诀"的书,即使写得再好看,也都是不靠谱的。这些发自"乌鸦嘴"的话,又有几人愿意听呢?

所以关注财经新闻,千万别轻信有关市场预测的报道,比如房价几个月后将大涨啦,黄金几个月之后会涨到哪一个点啦,股市将有一波牛市行情啦,甚至具体到哪个股票明天会涨还是跌……

08

小散户的抗争与失衡

美国证券交易法律规定挂牌公司每年必须向股票拥有者公开重要的公司信息；为防止欺诈和内线交易，公司内部的高级管理人员需要向证券委员会递交交易记录，公开他们的股票数额；如果这些人在六个月内买卖公司股票获益则是内线交易的违法行为。

证券交易法的初衷是保障你做出"消息灵通"的投资买卖决定，可问题是，你的消息灵通吗？ 换句话说，证券法能保卫你的财富吗？

倒霉的散户古德温

古德温是美国证券市场的一名普通散户。长期以来,他一直持有悬崖矿业公司(Cliff Mining Company)的股票,直到某天在报纸上读到一则新闻:因多年劳而无获,悬崖矿业公司已停止地质勘探,并关停了所有开采设备。

敏感的古德温立刻意识到这是一条重大的"利空"信息,于是不由分说,立即把手上的股票抛得一干二净。古德温暗自庆幸自己行动迅捷"走在了市场前面",但几个月过后他却傻眼了:悬崖矿业的股价犹如吃了兴奋剂一样直线上蹿,仿佛有意要跟他过不去。

没过多久,古德温便找到了答案。

原来,虽然悬崖矿业公司前期未能取得任何开采成果,但是一位经验丰富的地质学家发表了一篇重要论文,认为悬崖矿业所在的密歇根北部地区地下很有可能蕴藏着一条巨长无比的铜矿带。正是这篇论文的公布,引起公司股价暴涨。

古德温本应"认赌服输",但令他无比恼火的是,悬崖矿业高管麦克诺顿

(MacNaughton)和阿加西(Agassiz),早在 3 月份就私底下从地质学家那里获悉了这一消息,这两个肮脏的家伙立即从市场上购入了 700 股,而 3 月份正是古德温卖出股票的时间! 这不是典型的内幕交易嘛!

吃亏的当然不只古德温一人,所有过早离场的散户都会捶胸顿足。古德温立刻想到有一部法律叫《蓝天法》,而且对十几年前斯特朗夫妇胜诉的案子也有所耳闻。他不愿善罢甘休,决定运用法律武器把自己"被骗"的钱要回来。

不久,麦克诺顿和阿加西同时收到了来自马萨诸塞州最高法院的传票。然而,令古德温大失所望的是,陪审团和法官几乎一边倒地站在了悬崖矿业公司这一边。不可否认,这起案件与斯特朗夫妇起诉拉皮德案确实存在差异。首先,麦克诺顿等人并没有主观故意来"设计陷害"古德温,他们完全不认识这个小伙子,在法庭上才第一次见到他。反观拉皮德,为了不让斯特朗夫妇看穿自己的计谋可谓煞费苦心。其次,虽然麦克诺顿等人比市场提前获悉了地质学家的理论,但该理论仍然只是一种假说,并没有确凿证据能证实。悬崖矿业很有可能跟以前一样,什么矿也挖不出来。这个理论并不意味着股价一定上涨,据此进行股票交易带有很大的投机成分。再次,没有法律规定上市公司高管一定要把所有信息滴水不漏地公之于众。提出这种要求既有失公允,在具体实践中也难以操作。况且在很多情况下,取得消息需要付出很大的代价,不少商业情报是艰苦谈判的成果,怎能随意公布呢?

有关"麦克诺顿和阿加西利用内幕消息获利",并不是本案争执的焦点,关键是古德温过早抛售股票而蒙受损失,究竟算谁的错? 古德温一直强调:"若我当初就知道那位地质学家的假说,绝不会轻易抛售。"

可是在陪审团看来,这个理由很难成立。古德温当初卖出股票,主要是因为他在报纸上读到的一篇文章。可是这篇文章的作者从属于第三方机构,与悬崖矿业之间没有任何关系往来。麦克诺顿与阿加西甚至对此文一无所知。因此,《普通法》中的反欺诈条款在此案中并不适用。

除此之外,影响古德温案判决的另一个关键点在于,法庭认为"只有原告和被告相互认识,且进行面对面的交易才可能构成欺诈"。而在证交所进行的买卖交易,由于双方都不承担信托义务,那么基于《普通法》的法理基础,内幕人不披露重大信息并不构成欺诈。

大法官拉格(Rugg)最后宣判:古德温败诉,原告不必赔偿被告因过早抛售股票蒙受的损失。

此后,古德温明白自己"势单力薄",没有再提出上诉。古德温案的判决结果,无疑给了中小投资者一记大闷棍——输了钱就别想要回来。

下面我再讲一个故事。

NBA 球星肯尼·卡尔的教训

20 世纪 80 年代美国有个 NBA 的篮球明星叫肯尼·卡尔(Kenny Carr),他将辛苦赚来的 45 万美元投资到一家证券公司名下的合伙人地产公司——GIGNA(有限合伙人公司的股份是证券,归属到证券交易法诉讼案)。当 GIGNA 地产公司在 80 年代后期倒闭之后,卡尔损失了所有的投资,因此起诉 GIGNA 公司欺诈性销售证券,违反了证券交易法的其中一条法规 10b-5——欺诈。

卡尔的起诉书里说,GIGNA 公司的销售员告诉他,投资 GIGNA 合伙人公司是安全保险的。但地产公司的销售员给卡尔的文件里赫然写着投资的高风险性。卡尔强调"那个销售员知道我没有看那些专业性很强的文件,看了也不懂。他告诉我那些都是标准的样板文件,轻松地用他自己的话解释带过去了,我只能听懂他告诉我的"。

像这样的案件算不算卡尔被 GIGNA 公司欺诈了呢？首先必须搞清什么叫欺诈。欺诈是一种意图欺骗、篡改和欺瞒的行为。假如一个会读会写的成年人,完全看得明白一份写有"这是一种高风险投资"字样的文件,面对了一个口头上承诺说这是"安全的投资"的人,这个会读会写的成年人,便不能以欺诈来起诉销售证券的人。

卡尔是一个完全会读会写的成年人,他投资 45 万美元巨款,哪怕再忙,也应该挤出时间坐下读一读 427 页文件中的头 8 页,像标示着"这是投机性的投资,含有高风险损失"这样的字句。不错,卡尔是个职业体育运动员,可能是不懂专业性很强的证券投资。但他的弱点不能构成一条法律——金融顾问要承担高风险投资的后果。

法官依据事实做出了判决：GIGNA 地产公司没有欺诈行为,卡尔将自负他失败的投资。记得吗？证券交易法只是确保提供所有必要的公司信息,以便投资者做出"消息灵通"的聪明的投资决定,并不给予投资者保险以抵消损失。

证券法鞭长莫及

以上两个案例,当事人虽然感到很无辜,但都起诉无门。法律对上市公司或内线人士的种种约束是为了保证投资者做出"消息灵通"的聪明的投资决定。可是,作为一个既不"消息灵通",又不"聪明"、不专业的普通投资者,又该如何是好?

除非你的股票不是在证交所交易,而且必须清楚地知道股票是"从哪里来",又要"到哪里去",否则起诉上市公司高管,唯一的结果就是再损失一笔诉讼费。在之后的近 30 年里,不断有"小散户"奋力抗争,但绝大多数都步了上述两位主人公的后尘!

美国 200 年来爆发大小金融危机达 135 次,伤及的大多是小散户。为什么呢?由于市场信息的极其不对称性,普通百姓往往是最后得知好消息(或者是坏消息)的群体。那么普通百姓要怎么投资才能确保自己的财富不受侵蚀?那就是尽量多投资、少投机!

在美国,上市后的股票买卖交易必须遵守 1934 年证券交易法的规则,首先是登记注册,其次是递交报表。不是每家公司都需要注册的,只有两种公司必须向证券委员会注册它们的证券:在国家交易所挂牌交易的公司,比如纽约证交所;拥有资产 100 万美元以上和起码有 500 个股东的公司。

全国证券交易所、交易员以及经纪人同样需要注册。注册报告里必须包括经过审计的会计报表,审计公司必须是注册会计事务所。注册资料报告上还必须写明公司的架构、生意的性质、未结算的证券;董事长、高级职员(如 CEO、CTO、CIO 等)、承销商和持有 10% 股票等人的名字;未结算的期权,以及金额超大的合同都需要仔细列明。

任何企图购买发行公司股票超过 5% 的个人,也必须向证券交易委员会递交详细的背景资料,写明购买的目的和在什么地方做的交易。乍一看,好像没有去证券交易委员会登记注册的公司,就不需要遵守买卖证券的法律了。请不要误会,哪怕那些不必注册的公司,一样要遵守买卖证券的法律,特别是若涉及欺诈的行为,就更难逃法律的制裁。

说到证券交易法,真是细枝末节、条条款款多如牛毛,但其宗旨却只有一条,就是保护广大投资者在透明的投资环境中,做出"消息灵通"的聪明的投资买卖决定。为了达到这一目的,法律规定挂牌公司每年必须向股票拥有者公开重要的公司信息,每半年、每一个季度向证券交易委员会递交各式各样的报表,甚至还有 45 天和 15 天的报表。

为防止欺诈和内线交易,公司内部的高级管理人员需要向证券委员会递交交易纪录,公开他们的股票数额。如果这些人六个月内买卖公司股票获得收益,这称为短期变动收益(short swing profits),是内线交易的典型违法行为。

什么样的人称得上内线?内线必须是公司的核心人物,像电影《无间道》里打进黑社会高层卧底的警察就是内线,不是一般的小人物,而是有所建树并参与重大决策的人。

大家可能会奇怪,为什么我会在这里举黑社会卧底的例子?因为做内线交易就如同做卧底,那些人使用暗号、密码、抛弃式手机进行联络,紧张而刺激。严格说来,公司内线层包括高级职员、会计师、律师、持股超过 10% 的股东等这些登记在册的人员。其实这些人都是高薪阶层,并不缺钱花,他们要是做起内线交易,都属于高智商犯罪,赚到钱后的快感大概也不同寻常吧,所以铤而走险者屡屡不绝。

证券交易欺诈案分民事诉讼和刑事诉讼两种,视情节的轻重而定。不过,我前面提到,1934 年证券法只保证提供给大众充足的信息以便大众做出聪明的投资决定,投资人不能期望从中得到投资损失的补偿,如果因为自己的判断失误而导致投资失败,损失就得自负了。

第三部分
窃国者诸侯

09

被神化的华尔街

在几千年前的美索不达米亚、埃及和罗马，出现了历史上最著名的几个帝国。但是帝国为维持统治所付出的成本也是巨大的，包括杀戮、损耗财富和扼杀创造性。这一切都来自权势的威慑力。而最有利于他们利用权势的，则莫过于残酷和野蛮的行径。

华尔街又何尝不具备帝国的特征？华尔街不惜一切代价推动的是一种金融体系，但更是一种权力体系。当人们对金钱的依赖越来越严重时，那些握有权柄的人，就会越来越乐于创造金钱，并滥用这种权力来决定谁能得到金钱。人们依靠这一体系所创造的并不是社会财富，而是海市蜃楼。

金融神话改变华尔街

马克思在他的《资本论》中这样论述:"资本一来到这个世界,每个毛孔都沾着血和肮脏的东西。"如果说好莱坞是美国主流电影的别称,那么华尔街便是美国证券市场的代名词,是全球 80％以上金钱的集散地。

不过如今,除了纽约联邦储备银行以外,几乎没有一家大投行或基金公司会把总部设在华尔街。在著名的"华尔街巨人"中,目前只有高盛和美林(隶属美国银行)还坚守在离华尔街不远的世界金融中心(World Financial Center)。既然绝大多数的金融机构都已搬离了华尔街,那人们为何依然将与金融证券业有关的一切称为"华尔街"?

一大早,衣装整齐的红男绿女,左手捧咖啡,右手抓着装有早点的纸袋子,胳膊下夹一份《华尔街日报》,步履匆匆地从时代广场、中央火车站、洛克菲勒中心的地铁站冒上来,人潮如涌,汇聚到中城区豪华的办公楼;在国会听证会上,参众两院的议员们关心的仍然是"华尔街的态度",哪怕华尔街是金融危机的罪魁祸首;而企业家们的最高梦想,自然是能在"华尔街上融资"……

无论地理位置相距多远,即便在伦敦、巴黎、多伦多、东京、新加坡或中国香港等地,金融界的精英精神上追随的还是同一条"街"。在这条街道上,所罗门兄弟曾经提着篮子向证券经纪人推销债券;J.P. 摩根曾召集"拯救"金融危机的秘密会议;保罗·沃伯格曾让华盛顿政客和华尔街大亨神奇地"联姻"(通过《联邦储备法》)……在这些神话人物逝去几十年之后,他们的幽灵依然悬浮于纽约上空,俯瞰着新一代的银行家、分析师、交易员、经纪人和基金经理延续他们不灭的精神,制造出新的金融"神话"——华尔街神话。

而美国之所以能够迅速崛起,青出于蓝(奋起直追英帝国)称霸全球,可以说就是得益于金融业之发达。作为执美国金融业牛耳的"华尔街",就好比一部强力的经济驱动机,为美国的实体经济提供了丰足的资金流。而美国实力的不断增长,又反过来强化了华尔街的地位。

今天,以华尔街为代表的资本市场不仅是美国的,也是当代世界市场经济体系的核心架构。它的一举一动、一起一落,都会对在这个体系中各国经济的发展产生重要的影响。

举例来说。大家记忆犹新的苏联解体事件,发生在 20 世纪 90 年代初。在诸多原因中,比较重要的一个就是苏联没有强大的金融业做支撑,因此在现代世界全球化经济竞争中相形见绌,不知不觉屈居下风,而 20 世纪 80 年代美苏之间的经济战,最终导致苏联资金链断裂,堪比最后一击的致命伤。

那么华尔街的鼻祖究竟是哪个国家呢?在欧洲宗教革命后,荷兰是最早的新教国家,也是最早发展的资本主义国家。荷兰人是现代商品经济制度的开拓者,也是现代金融业的先驱者。

历史学家们皆相信,是荷兰市民发明了世界上第一只股票,建立了第一家现代股份制有限责任公司、股票交易所和现代银行,以及配套的信用、保险机构,并将这些金融产物有机地统一成为一个相互贯通的金融和商业体系。由此,这个国家的财富爆炸式地增长,并迅速崛起成为欧洲的强国之一。

荷兰人在人类早期的金融活动中发明了最早的股市投机技术,这些技术在以后的历史中被投机者们反复应用,乐此不疲。例如卖空、卖空袭击(bear raid,指内部人合谋卖空股票,直到其他股票拥有者因恐慌抛出自己的股票,导致股价下跌,内部人得以低价购回股票以平仓获利)、"对敲"或"辛迪加"(syndicate,指一群同谋者在他们之间对倒股票来操纵股价)、垄断式"逼空"(corner,也称杀空或坐庄某一只股票,或囤积某一种商品,指个人或集团秘密买断某种股票或商品的全部流通供应量,迫使需要购买这种股票或商品的其他买家不得不在其操纵的价位上买进),等等。

在 17 世纪初,荷兰的商业贸易发展就已经到了登峰造极的地步,其投机活动也到了癫狂的程度,由此终于引发了一场人类史上首次有记载的金融泡沫事件——"郁金香狂热"。这一事件的祸根,要归咎于人性的贪婪。

贪婪来自人人背负的"原罪"。人们常说华尔街最贪婪,华尔街甚至成了贪婪的代名词。其实,当华尔街还未成为华尔街时,那块土地上便已经血迹斑斑了。华尔街在其诞生的过程中,本身就充满着"道""魔"之间的激烈搏杀。

神话背后的"道""魔"之争

而华尔街延续荷兰的衣钵,成为金融业重镇的时间,则要追溯到 1644 年。那时还不存在纽约市,但在曼哈顿岛的最南端,确实曾有一堵墙(wall)。这堵墙是最早定居在曼哈顿的荷兰人为免受英国人、印第安人和海盗的威胁而砌成的。几十年之后,防御墙不见了,但沿着墙根的街道,却变成了一条繁华的商业大街(street),这条大街便被命名为 Wall Street(华尔街)。

早期的商家们纷纷在华尔街上建造仓库和商店。然后,他们又建造了市政厅和教堂。从 1785 年到 1790 年,宣布独立的美国建都纽约,联邦大厅就设立在华尔街,美国第一任总统乔治·华盛顿,就是在距华尔街几步之遥的一幢建筑里宣誓就职的。

前文所讲的股市"老千"威廉·杜尔,他的岳父亚历山大是参与过美国独立战争的将军,与乔治·华盛顿是好朋友。在威廉·杜尔的婚礼上,他的新娘凯瑟琳·亚历山大就是由乔治·华盛顿送到他身边的。

威廉·杜尔在政商两界长袖善舞,其通过操纵市场非法牟利的阴谋败露后,紧跟他投机的人们大多血本无归。

由于威廉·杜尔常常利用内幕信息交易,总能在第一时间赢得大笔钱财,人们因此而愤愤不平。这起恐慌事件过后一个月,拍卖师和经销商只能走上街头或在咖啡馆里,试图寻找一个永久的好位置,以期进行公平交易。

杜尔投机所引发的金融混乱,使得美国股市的发展一度陷入停滞,民众谈股色变。市场急需一套能够挽回人们信心的股市交易规则。

1792 年 5 月 17 日,24 位股票经纪人在华尔街 68 号的一棵梧桐树下,签署了著名的《梧桐树协议》。

最初的场内交易位于华尔街和沃特街交界的唐提咖啡屋,这正是纽约证券交易所的前身。1817 年 3 月 8 日,交易者联盟在《梧桐树协议》的基础之上草拟了《纽约证券和交易管理处条例》。1863 年,纽约证券和交易管理处正式更名为"纽约证券交易所"。今天,这里已经发展成为全世界最重要的股票交易中心。

1817 年 3 月 8 日,纽约证券交易所和交易委员会正式成立。

那时,纽约证券交易所在华尔街 40 号租了一个房间,月租 200 美元,取名为纽约证券交易委员会,每天早上总裁安东尼·斯德哥尔摩宣布股市开始交易。这是一个排他性极强的组织,吸纳新成员时需要通过表决来定夺。成员们清一色头顶礼帽,身着燕尾服。而 1817 年一个交易席位要耗资 25 美元,10 年后上升到 100 美元,1848 年涨到了 400 美元。到了 2005 年 12 月,一个席位竟然高达 4 亿美元。可见这把座椅是何等昂贵!

之后的 100 多年里,纽约证券交易所几经易址,并修改其章程,演变成了当今的纽约证券交易所,就坐落在华尔街 11 号。之后,美国主要的股票交易总部,譬如美国证券交易所、纳斯达克、纽约商品交易所都设在了华尔街,由此形成了美国金融业"影响经济利益"的地方。

因为新独立的美利坚合众国从成立的那一天起,就存在着两种决然不同的治国理念:究竟是扶持资本市场发展工业、建立强大的联邦政府,还是走农业发展的治国之路,杜绝投机、贪婪并限制联邦的权力?美国第一任财政部长汉密尔顿代表了前者,而长期与汉密尔顿对峙的美国第三任总统托马斯·杰斐逊则代表了后者。同样是美国的开国元勋,由于理念不同,他们之间的争斗延绵不绝,追随他们的后人围绕着这两种理念也持续争斗到了今天。但占上风的却总是汉密尔顿。然而汉密尔顿的政治对手从来没有停止过敌意和反制。

汉密尔顿为美国构建的货币金融体系有五大支柱:其一,统一的国债市场;其二,中央银行主导的银行体系;其三,统一的货币体系(当时实行金、银复本位制);

其四,以关税和消费税为主体的税收体系;其五,鼓励制造业发展的金融和贸易政策。

汉密尔顿说:"一个国家的信用必须是一个完美的整体。各个部分之间必须有着最精巧的配合和协调,就像一棵枝繁叶茂的参天大树一样,一根树枝受到伤害,整棵大树就将衰败、枯萎和腐烂。"汉密尔顿的五大支柱恰似五根树枝,完美配合和协调,共同支撑起美国金融体系的参天大树,最终成长为主导全球经济的美元霸权体系。

而华尔街上的联邦厅曾是美国第一届国会所在地,首任总统华盛顿在此宣誓就职,如今大门前仍耸立着华盛顿铜像。不过华尔街作为政治中心仅只短暂的一瞬,而作为金融中心却辉煌夺目,经久不衰。所以,这才有了今天强大、不可一世的美国。

欲望不止,金钱永无眠

当今主宰世界的金融体系,说到底是华尔街的金融体系,其独享世界资源,使金融大鳄们得以从世界范围的政府、大众手中获得垄断权力以进行投机,并开创了一个不平等的全球财富分配机制——以最大限度地提高股东权益为幌子,疯狂劫掠世界财富。

华尔街采取的证券化,是其劫掠财富最主要的手段,而以高杠杆为基础的金融衍生产品的发明,则达到了证券化的极致,演化成了现代炼金术。因为,经过杠杆放大之后,纸面财富被吹大,华尔街捞完钱便拍拍屁股走人,留给全球大众一大片断垣残壁,譬如 2007 年的次贷危机。

因为会掠夺,所以华尔街人的奖金高得常人没法想象。高盛有 3 万多名员工,即使平均每人收入比前一年低了 10 多万美元,也依然超过 50 万美元! 高盛光每年发出的工资奖金就超过 150 亿美元,简直富可敌国。相比之下,有着 100 多万员工的世界 100 强之一的麦当劳,全年利润也不过四五十亿美元。高盛的薪酬支出就超过了麦当劳利润的 3 倍之多!

而后雷曼兄弟倒闭了,在清算时,账目上有一笔 1 亿美元的资金却不在清算之列,说那是事前放在一边的奖金,雷打不动的,人们都看傻眼了! 所以这个消息公布以后,美国的老百姓群情激愤。

无独有偶,金融危机发生后,AIG(American International Group,美国国际集团)是在政府资助了大约 1100 多亿美元后才勉强活了过来,但是那些高管照样拿着四五百万甚至上千万美元的奖金。

后来,一个国会的议员质疑高盛 CEO,说你凭什么拿那么多奖金。高盛 CEO 说:"因为我们是做上帝的工作,所以我们就应该拿那么多钱。"

高盛也好,贝尔司通也好,每一个投行都是一个庞氏骗局。2008 年金融危机爆发后,美国平均每个老百姓欠债 15 万美元,美国的各种债务超过它 GDP 的 3 倍,同期希腊债务只占 GDP 80％多,都要宣布破产了,如果照此标准,美国早破产好几回了。为什么不破产? 庞氏骗局有一个特点就是,只要我后面有钱进来,我就能撑着。

美国有它的国际特殊地位,美元有它的特殊性,所以美国这个最大的庞氏骗局还没有破产。我曾经说过一个笑话,现在全球就像一艘铁达尼号,美国在最上面,是特等舱、头等舱、VIP。如果铁达尼号沉下去的话,美国是最后一个沉的,最后一个被淹没的。

10

华尔街炼金术

由于人性的贪婪，华尔街不断产生肮脏的内线交易。不过，我前面提到，华尔街本身就是靠着贪婪而存在的。从另一个角度上来说，不违法的贪婪正是华尔街的精神所在。也就是说，华尔街的精髓就是人性的贪婪，因为人性是千年不变的。这话听上去好像有点不对味儿，可事实的确如此。

华尔街的精髓

　　华尔街的世界是金钱的世界。人性中丑恶的那一面,往往抵挡不了诱惑。华尔街的从业人员,如各大证券公司的分析师,每天对投资者们发布"买入""卖出""持有"等建议。特别是那些大牌分析师们,他们的建议对一只股票的价格涨跌起到相当大的作用。往往当他们建议投资者买入这只股票时,股票便奇迹般地上涨;而当他们建议卖出这只股票时,股票便鬼使神地下跌。

　　按法律,分析师本人当然是不能做任何交易的,他是"Insider"(内线人),甚至连他身边至爱亲朋的证券交易都应全部受到监控。人人清楚内线交易是犯法的,一旦查出来,将终身不能再进华尔街,甚至被罚款、坐监。其实这些分析师们每年的收入往往多达七位数,但人性贪得无厌,内线交易的事情仍然时有发生。

　　2007 年 3 月 1 日,美国证券交易监管会公布了对华尔街券商、对冲基金交易员、企业律师等 13 个人,3 个对冲基金公司、1 个交易公司提出刑事犯罪指控。美国证交会指称,这是一宗两起相互牵连的内幕交易阴谋案。这个阴谋集团从 2001

年起便"从事数千笔非法内线交易,不法获利超过 1500 万美元"。此案金额较大,情节复杂,被美国证交会称为继 20 年前伊万·博斯基(Ivan Boesky)之后最大的内幕交易案。这些人中最严重者将被判处 25 年有期徒刑!

　　既然提到了伊万·博斯基,我就来谈谈博斯基其人其事。

　　博斯基是苏联移民的后代,他毕业于美国底特律大学法律系。30 岁以前,他不确定自己到底想做什么样的生意,直到 1966 年他在华尔街坐上了股票分析师的宝座。他的起家,是靠了他太太的家族——资产雄厚的房地产大企业。1975 年,他自己的套利交易公司才正式成立。到了 20 世纪 80 年代中期,他的身价已经上升至 200 万美元,并因此得了个绰号——"可怕的伊万"。他的《疯狂的兼并》(*Merger Mania*)一书在 1985 年出版了,里面阐述了他不可思议的套利交易的艺术。1986 年年初,博斯基在加州伯克利大学演讲时,就曾有"贪婪挺好,只要你感觉不错"的"高论"。

　　叮"出来混总是要还的"。一起民事与刑事诉讼调查,揭示出博斯基非法活动的证据,一层一层拨开了涉及 2.5 兆美元股票市场的内幕。他是个工作狂,一天中有 20 个小时扑在第五大道大理石砌成的办公室里,主控台上包围了 300 条电话线。他的特长就是瞄准接收目标。通常,急迫收购一家合法企业的交易,是仗着闻名的"收购作战"经验。但是就在 1986 年 11 月的一天,美国证交所指控博斯基涉嫌利用内幕非法哄抬股价,在大量并购案中攫取了 2 亿美元。博斯基因此而被捕,被判刑 3 年半,罚款 1 亿美元。

　　1986 年的博斯基事件震惊了美国国会,很快便成为华尔街的"水门事件"。很难说这不是夸张上演的一出暴露在美国东西海岸线的融合了金融势力与腐败的戏剧。这起巨大的丑闻从美国公众的投资中心扩散开来,触动了一些美国最富有的人。

这些年,SEC(The U.S. Securities and Exdhange Connission,美国证券交易委员会)打击内幕交易的交易力度越来越大,罚款越来越重,刑期也越来越长。但贪婪存在于人的本性中,在华尔街上表露无遗,因此这类"内线交易"是不可能完全杜绝的。俗话说"道高一尺,魔高一丈",只要华尔街存在一日,"道""魔"之间的格斗便将永远继续下去。

由于人性的贪婪,华尔街还将不断产生肮脏的内线交易。不过,我前面提到,华尔街本身就是靠着贪婪而存在的。从另一个角度上来说,不违法的贪婪正是华尔街的精神所在。也就是说,华尔街的精髓就是人性的贪婪,因为人性是千年不变的。这话听上去好像有点不对味儿,可事实的确如此。

玩别人口袋里的钱

2008 年年底,我从纽约华尔街退出,回到多伦多。临行前朋友们为我饯行。我这帮哥们儿不是博士就是硕士,几乎都在股市中扑腾了十几年,好几位还是华尔街"高手",其中一位我叫他"老李",是某著名基金的经理。这些人平时谈起股市投资,都是侃侃而谈,指点江山,个个吹嘘自己眼光如何准,买什么赚什么,似乎个个都是"股神"。不过那晚,不知是大伙儿因为我离去而感慨,还是喝高了酒后吐真言,一一承认这些年来几乎没有从股市中赚到过钱,其中最多的一个亏了本金的50%,其他人至少都亏了 20%。

我的这些哥们儿几乎都是数理背景,他们从一开始就相信股市中存在着一种模式,就像数理模型那样,是科学并行之有效的。一旦研究出这种模式,就一定能在股市中赚大钱。

　　起先大家都学巴菲特的"价值投资"，用基础分析法研究股票的 P/E 值、分红率和公司的现金流，但几年下来发现并不管用。后来才明白，学习巴菲特有难度，Buy and Hold（买入并持有策略）对于散户来说并不靠谱。散户还是炒股吧，跟着趋势走。

　　于是，他们又开始研究技术分析，把各种技术图形背得滚瓜烂熟。起先也还真管用，似乎有门儿！但久而久之便发现，时常是他们一买就跌，一卖就涨，而且往往是刚赚了几笔，一个浪头打来，就把前面所赚的都悉数返还。

　　谈到这儿，心理学博士老周涨红脸发言了："早就说过你们了，一群书呆子，把股市当数学物理来研究，不亏才怪呢。我就不信那些股票分析法，也不信有什么稳赚不赔的模型，有的说要跟着大市走，上升时买进，下跌时就卖出；而有的则说不能追高杀低，'在别人贪婪时恐惧，在别人恐惧时贪婪'，到底听谁的？对股市投资一定要全方位来看，社会、政治、经济再加上心理学，要研究人的心理行为。这点最重要，我这么些年来，真是输少赢多，在公司和周围亲友圈里早有'小股神'之称。"

　　听到这儿大家都问：那老周你一定赚到了吧？

　　老周支支吾吾说道："要不是赶上百年不遇的金融危机，再炒个几年我就可以金盆洗手，退隐江湖了。现在只能算打了个平手。唉，忙活这么多年最多打个平手，好像都在为证券商打工（支付交易费）了，真是心有不甘。"

　　基金经理老李发言了："老周，在一般情况下你能做到胜多输少，但股海翻腾的最高境界是什么？是只赚不赔，永远赚钱！真正的要诀就是玩 OPM（other people's money）。在股海里单打独斗是不行的，早晚会失手，一定要做庄家，来大的。这赚钱的事情传得最快，达到第三境界的人往往被别人当作'带头大哥'，你要靠媒体忽悠呀。'带头大哥'可以大量吸纳别人的资金，放手大胆地玩 OPM。遇上牛市赚大钱，可以吹嘘自己本事大，名正言顺地把账面利润的 20% 揣进自己腰包；

而遇上熊市亏损的时候,只要怪大市即可。我们就是这么玩的,自己非但不赔钱,3%的管理费还照收不误。"

老周回道:"是啊是啊,这我也知道,你看人家巴菲特、彼特林奇、索罗斯和罗杰斯那些'神'人,每年的收入千万、上亿,甚至几十亿美元。他们成了'股神'后,还在玩儿自己腰包里的钱吗? 早就不玩儿了! 他们是'帮'别人'投资理财'。就像医生给别人开刀淡定得很,如果手术台上是他的老婆,马上手抖脚软。"

听到这儿,我不禁想起刚进华尔街时,我的部门大老板 Mike 请我们几个新人到一家法国餐厅撮一顿。这位 Mike 是犹太人,是华尔街有名的金牌财经分析师,他常上电视帮大伙儿选股票。能和大腕儿零距离接触,大家自然不能放过机会,连连发问,询问投资技巧。Mike 允许每个人提一个问题。我正为不知闲钱投资在哪儿而犯愁,逮着这个机会便问他退休金买什么股票好。没想到他回答我:"我的退休金只买 Fix-income(固定收益债券),而且都是政府担保的。买股票? 我们华尔街人怎么能用自己的钱去买股票,你没有听说过 OPM? 我们只玩 Other People's Money! 这是我给你最值钱的一个忠告。"

这话我倒是一直牢记心中。可是,在".com"疯狂时,我实在经不起诱惑,"下海"玩了两三年(其实,华尔街一线的从业人员一般是不能用自己账户炒股的,而我那两年正好在华尔街二线),刚开始时大赚,但最后还是以亏损 5 万美元而收场,这才真正明白 Mike 这句话的价值。

由于在一定时间段内,股市说穿了是个零和游戏,而我们一旦参与这场游戏,要付出各种费用,于是投资者作为一个整体,最后的结果是可想而知的。而只有玩 OPM 才是玩股票的最高境界,才能真正做到"宠辱不惊,看庭前花开花落;去留无意,望天边云卷云舒"。

华尔街最怕什么？

我在"银行家信托"工作的时候，有一天老板问我："知道华尔街的'牛肉'在哪儿吗？"（"Where is the beef"——意思是：钱从哪儿赚来的？）

我自作聪明地答道："当然是股票升了，我们就赚了呗。"

老板笑着摇了摇头道："不，不，不完全对。我们赚钱是靠三种方式。"

"哪三种？"我问。

老板道："交易，交易，还是交易。"他随即拿出一本书让我带回家先读一下，第二天再接着聊。我一看书名：*We are playing OPM*（我们在玩儿别人的钱）。

在华尔街，我们公司接触到上市企业的内部信息往往比外界快半拍，甚至一拍，所以我们本身是不能买卖股票的，而只能为我们的客户做交易，我们只能"玩别人口袋里的钱"。连我们这些员工也只能在公司的监控下，做些限制栏（restricted list）里的股票交易。要是对外泄露信息，一经发现，便永远不能在华尔街从业，还将视情节轻重加以惩处。

因此，华尔街公司的主要业务就是靠做交易赚钱。客户买卖越多，我们钱赚得越多。华尔街有个大腕儿曾说过这样一句话："当股市上升时，我赚钱；当股市下跌时，我发财。"因为在股市剧烈地上升与下跌时，往往交易量是最大的。

既不怕牛市，也不怕熊市，那么，华尔街那些投资机构最怕什么呢？"猪市！"就是大家都不买卖了，那可就彻底地完了！

"9·11"之后，美国的股票市场雪上加霜，华尔街从业人员一年之内从原来的40万人，裁到了20万人。好些人以为主要是由两个原因造成：一是"9·11"之前高科技泡沫的破灭；二是"9·11"恐怖袭击。其实不然，高科技股在整个股市所占比例并不大，代表主流的 S&P500 很快就修正了过来。而恐怖袭击对美国整个经济的基本面的影响就更微乎其微了。

那问题出在哪儿呢？问题出在"9·11"以后，一连串大公司出了报假账的丑闻。由于华尔街对这类公司有着不切实际的期望，逼着公司老总不断地创造出好的业绩，否则就会遭遇巨大的抛压。股票炒作使人的眼光越来越短，尤其是华尔街一个季度一个季度地比业绩，导致一些公司"拔苗助长"，最终将公司引向了歧途。

报假账的丑闻沉重地打击了投资者的信心，大家都不入市了。没了交易，那当然就只能靠裁员来降低公司成本了。虽然美国政府非常严厉地制裁了做假账的公司，那些老板们有的倾家荡产，臭名昭著，有的被判终身监禁，有的因无法忍受铁窗生涯而自缢身亡；但投资人毕竟是一朝被蛇咬，十年怕井绳。6 年过去了，华尔街从业人员还只恢复到"9·11"之前的 65％。

华尔街玩的是阳谋

从 2008 年开始，我有幸受邀，作为学术顾问，参与了国内有史以来耗资最大的大型纪录片《华尔街》的制作。两年半后，央视《华尔街》在中秋节之夜顺利开播，并持续反复播放了数月，我由衷地感到高兴！

华尔街，这条还不到 500 米的狭窄街道，掌控着全球金融的命脉；它经历了战火的洗礼、恐怖的袭击，却依然站立在世界金融的最高峰不断地缔造"神话"。随着《华尔街》这一纪录片的热播，华尔街的话题引发了大家的热议。

我个人对华尔街的评价是三分功七分过。据统计，在这 200 年期间，美国爆发了大大小小的 135 次金融危机,对此,华尔街"功"不可没。在纪录片《华尔街》中,我出镜三次,所说的几段话基本上就是批评华尔街的。而前几年随着宋鸿兵先生《货币战争》的热卖,只要对以华尔街为代表的金融霸权有微词,便有人冠以阴谋论而嗤之以鼻。显然也会有人将我的观点归入阴谋论之列。

其实无所谓阴谋,华尔街玩的根本就是阳谋。说穿了,华尔街就像一个大赌场,游戏规则由庄家制定。当你走进去赌之前,首先必须弄明白赌场的规则,赢了算你运气好,那就偷着乐吧;输了呢,也只有愿赌服输。假如你连游戏规则都不明了便贸然进入的话,那就怨不得别人了,也只好傻乎乎地替别人数钱。

事实上,在欧美合法的赌场里,许多游戏的胜算并不低,比如转盘有 49％的胜算率;如果记忆力足够好,玩二十一点的话,还经常会赢钱。但华尔街就不同了,那些大庄家玩的都是别人口袋里的钱,输了是别人付账,佣金他们照样拿,赢了就更不用说了。从长远来看,普通散户只有送钱的份儿。

再拿体育竞技来说,事实上也是强国定规则,其他国家陪着玩而已。因此多年来,金牌的数量和国家实力强弱基本成正比。近年来,随着国力的壮大,中国在国际上地位也越来越高,对竞技规则的修改有很大的影响,于是适合中国人体质的项目越来越多,奖牌也跟着越拿越多了。这也和阴谋无关。

再说到世界组织,比如世界银行、世贸组织、国际货币基金组织以及联合国等,它们的规则也都是由当年的强国所制定的,彼此间犹如玩了一场游戏,强者制定规则,强者掠夺弱者,强者输了甚至还能耍赖。

举例来说,在 20 世纪 90 年代,世界银行和国际货币基金组织策划了一套政策,与美联储一起跟华盛顿当局达成共识,包括放松银行管制、市场自由化、私有化和缩小政府规模,强调 GDP 增长率;然而他们却忽视了只强调 GDP 增长能否给整个社会带来持续发展,能否真正帮助人们提高生活水平这一重要问题。

中国就是从 20 世纪 90 年代初开始,被躲在幕后的掠夺者过分叫嚣 GDP 增长率,而加紧了建设"世界工厂"的步伐。已有分析表明,由于经济强国只考虑自身利益,世界银行的政策反而增加了贫困,损害了环境和公共卫生及文化多元化。

世界银行前任总裁左易克(Robert Zoellick),曾经是高盛集团的常务董事,他于 2007 年 5 月经小布什任命,通过世银董事会的批准,同年 7 月正式走马上任,成为第 11 届世界银行总裁。

人们或许要问,世界银行代表着 184 个国家,为什么总裁要由美国总统任命(名义上须经其他成员国同意),而且必须由美国公民担当?高调提倡民主的美国,在这点上却牢牢地掌握着独霸权,无论如何都不肯松手,为什么?因为世界银行是由少数几个经济强国掌控并管辖的,是美国和西方国家的工具。经济强国的经济利益才是世界银行的首要业务。这一点早在 20 世纪 60 年代就暴露无遗。

世界银行由少数经济强国内部治理、缺乏透明度的管理方式,引起了贫穷国家的强烈不满。这一世界金融体系既不公平,也不民主。既然知道它不公平和不民主,是否可以重新修订呢?

答案很简单,不能!因为美国不同意,美国有权说"不"字。因为世界银行和国际货币基金组织是由当年的布雷顿森林体系衍生而来的,投票的学问很大。全世界各国将根据银行股票的份额得到加权票,美国独占 16%。在遇到重大事项表决时,美国的优势显露无遗。

那么中国是否可以联合其他国家,把投票权加在一起?这样总能超过 16%掌握主动了。还是不行!宪章里有一条规定:但凡遇有重大的事项,比如修订章程,必须以 85%及以上的票数才可获得通过。哪怕全世界的国家通通联合起来也没有用，美国一票便能定胜负。这就是世银和国际货币基金组织（布雷顿森林体系）的奥妙所在。贫穷国家只有被任意宰割的份儿！

强权深知舆论的重要，身为世银总裁的左易克根本无视他国的利益，他经常利用世银总裁的身份在全球制造舆论。在近来中美有关人民币升值的交锋中，左易克要求人民币升值的言论从未消停过，包括要求中国购买美国债券，显然，他维护的只是美国的利益。

世界主导国家的主要特点，就在于其具备建立和组织一套国际体系的能力，而大多数其他国家想参与的话，就只能接受该体系。比如 1914 年之前，英国版本的国际金本位体系。两次世界大战后，随着英国的衰落、美国的崛起，这一体系渐渐让位于布雷顿森林体系。再拿中国是成员国的国际货币基金组织举例子，在亚洲金融危机期间，马来西亚和日本提议成立一个"亚洲货币基金组织"，这表明该地区对于国际货币基金组织不满，想自立门户了。这自然引起了美国和国际货币基金组织的强烈反对，因为你动了他的奶酪。

再说回华尔街，我们必须认清华尔街是个弱肉强食的原始丛林，想要不被吞噬的话，那就要使自己从兔子变成羊，再从羊变成狼；而若想在与狼共舞的博弈中胜出，那就更要成为猛虎雄狮！

金融工具，制造泡沫与繁荣

不受管制的自由市场，使金融霸权下的华尔街得以独霸世界资源，他们制造金融诈骗，给金融流氓和投机分子滥用垄断权力进行投机大开方便之门，开创了一个不平等分配社会财富的机制——以最大限度提高股东权益为合法的幌子，疯狂劫掠世界财富。银行证券化是完成劫掠财富的手段之一，而金融衍生产品的发明，则达到了证券化的极致，变成了现代炼金术。

衍生品的海市蜃楼

1997 年，泰国宣布实行浮动汇率制的决定，引发了一场遍及东南亚的金融风暴。7 月 2 日当天，泰铢兑换美元的汇率下降 17％，外汇及其他金融市场一片混乱。事实上，泰铢并没有浮动，而似乎是在没有任何经济支柱的情况下迅速下跌的，并在几天之内减少了一半的价值。当时交易员开玩笑，说泰国哪里称得上是"新兴(emerging)市场"，简直就是一个"被淹没(submerging)的市场"。

在 20 世纪 90 年代，美国和欧洲"发现"了远东地区南部（亚洲），一个可供他们淘金的发展中区域，觉得亚洲是"最好最新的新事物"。当然——，在几十年前不同时期的金融探索过程中，他们在拉丁美洲也有类似的发现，大量的外国投资和放贷机构，都纷纷跟随着这一"发现"，最后却总是以巨大的损失而收场。

因为，20 世纪 90 年代快速增长的亚洲经济，其中大部分增长都是不可持续的。比如储蓄率畸高、政治的不稳定和社会福利制度的缺乏，以及劳动力成本低下、没有就业保护法、丰富的免费天然资源利用（不受环保法保护）和尚未开发的国内市场,都是刺激外国企业和国际资本前往的诱因,还包括向当地人兜售金融衍生证券。

金融衍生产品在发达国家已经出现了多年,到了 20 世纪 90 年代,经销商将这些产品推销进亚洲,添加到债务和贪婪的致命"鸡尾酒"之中。亚洲公司和投资者被这些眼花缭乱的金融产品所吸引,却极少了解其交易的复杂性。若干年之后,律师和会计师将不可避免地为这些灾难性的产品聚集在一处收拾残局。

我们可以想象一下这一场景:纽约曼哈顿的一座老式大楼里,在一间橡木地板装饰的会议室里,律师和会计师(来自四大会计师事务所)汇聚一堂,他们坐在厚厚的真皮软垫座椅里,等待他们的客户到来,这将是一个漫长的会议。

不久后,从印尼飞到纽约的两个生意人被领进了会议室。他们是印尼"富力"面条公司的高管,是过来和"红杉"证券经纪商打官司的。"富力"是一家制作面条的公司,但其雄心勃勃的扩张计划,以及用借款融资来运营公司的模式,蚕食了公司的利润。那时,印尼盾的借款利率为 12%,而美国的借款利率为 6%。如果能从掉期交易中借到更便宜的钱,那么对"富力"来说是很有诱惑的。

于是 1995 年,"红杉"抓住"富力"的软肋,以低成本融资为诱饵,与对方完成了一项交易——欠款重置掉期(the arrears reset swap)合约。由于"富力"背负着印尼盾债务,他们必须定期向印尼的放贷金融机构支付利息和偿还本金印尼盾。所以在掉期交易里,便由"红杉"承担起以印尼盾还款的义务;作为交换,"富力"同意以等价美元利息和本金支付给"红杉",合约期限为 6 个月。

这就意味着"富力"不再有任何用印尼盾还款的义务了。但实际上呢,"富力"从这宗交易中向"红杉"借了 3 亿美元,尽管他们的面条生意没有美元收入,却要定期支付美元和利息。而中间存在的汇率风险,"红杉"并没有告诉"富力"。

　　不过在签约之前,"红杉"却告诉"富力",美国利率很有可能会上升,"富力"便选择以固定利率(fix their rate)的方式,签署掉期交易合同。经过几笔进出的交易,"富力"确实赚到了钱,在公司内部成为传奇佳话。

　　然而,贪婪的恶魔终究压倒了理性,"富力"随即将面临一场大灾难!

　　因"红杉"抛来的诱饵,"富力"尝到了甜头,所以他们的胆子也越来越大,决定再签一个更复杂的合约——"翻倍"掉期交易(the "double up" swap),即"富力"将进入一个 5 年期、支付美元固定利率的合约。

　　但问题是,收益率曲线相当陡峭——5 年期利率比 6 个月要高得多,这意味着"富力"的借贷成本也会更高。当然,借贷美元还是比印尼盾便宜,但如果他们继续借美元,并以 6 个月的美元利率来计息,借贷成本就会更加昂贵。为了降低借贷成本,"富力"下了一个极大的赌注:如果美元利率上升,那么固定利率将转换为浮动利率。如果美元利率下降,那么这笔交易将增加一倍的规模。在做空的合约里,"富力"的交易将不再是 3 亿美元(原来的掉期合约金额),而是翻倍至 6 亿美元(即"翻倍"掉期交易)。

　　"富力"就此掉进了"红杉"挖好的陷阱,最初计划的借贷美元之掉期交易,最终以固定利率借贷美元作为开始,如果美元利率上升,他们将以浮动利率计息借贷美元。换句话说,他们将失去原有的保护——在最需要的时候锁定固定借贷成本。

　　而另一方面,如果美元利率下降,"富力"借贷美元的基数将要翻倍,因为借款是在利率很高的时候进行的。所以"富力"既丧失了利率上升时的保护——锁定固定借贷成本,又享受不到利率下跌时的好处。这简直太不可思议了!这些美国大投资机构,就是这样以著名的"创新"金融衍生产品,引诱客户上钩来获取巨大的利润。

"富力"还将面临更糟糕的货币风险——由借贷印尼盾换成借美元,一个巧妙隐藏在合约中的货币期权。如果印尼盾兑美元下跌,他们就死了。新交易意味着:如果美元利率下降,那么他们面临的货币风险就不是原来的 3 亿美元,而是 6 亿美元。

适逢格林斯潘为美联储主席,他采取不断降息的货币政策支持金融体系。下跌的美元利率和印尼盾的崩溃,使"富力"也面临崩溃,下跌的利率触发了"翻番"掉期交易,"富力"欠下"红杉"6 亿美元,在剩余的 3 年合约中,承诺必须以固定利率支付给"红杉"。

"富力"当然不肯就此罢休,他们准备利用法律武器,打败"红杉"。但"富力"在美国找不到律师。为什么?因为"红杉"在行业内相当有势力,是那些大律师楼的潜在客户,他们以"利益冲突"为由,拒绝受理此案件。最后,只有一家不起眼的律师楼接受了"富力"的诉讼,最终以庭外和解了结了此诉讼。

乍一看,这起案子中"富力"似乎是受害者。但是,是他们自己签署了所有的交易文件,并没人逼着他们签。与其说"富力"是受害者,不如说是贪婪害了"富力",责任在于"富力"自己。骗子是骗不了不贪婪的人的!

"大规模杀伤性武器"

在资本市场中,信贷的基石是信任,市场主体中的一方必然相信另一方将履行承诺。比如放贷方必须信任借贷方有能力偿还贷款,投资人必须相信他们能看得见投资回报。货币市场对信任的依赖性是极强的,因为货币市场的短期交易量巨大,一旦失去信任这块基石,货币市场便会立刻陷入崩溃。

如 2007 年的次贷危机，其实，次贷总金融仅为 1.3 万亿美元，数额并不大，但问题出在经过证券化之后，这部分资产先是变成了 2 万亿美元的次级债务，随即又衍生出信贷违约掉期，最后，尚未结清的信贷违约掉期合约（即期货市场）金额高达 55 万亿美元，这就是一个庞大而惊人的数字了。而期货市场是一种零和游戏（zero-sum game），就像四个人打麻将，有人赢钱，就必定有人输钱，同一时段内所有赢家赚的钱和所有输家赔的钱相等。

巴菲特作为伯克希尔·哈撒韦公司的董事长，他的声誉主要来自其传奇般的选股技巧。在规模盛大的伯克希尔·哈撒韦公司年度会议上，巴菲特致股东的信，被视为神圣的文字。有着"资本家的伍德斯托克"之称的他，其本能就是保护他的投资获得回报。

然而，2003 年，巴菲特盯上了衍生品，称其为"大规模杀伤性金融武器"。他与一些著名人物加入了"反战"的行列，其最著名的"战友"是比尔·格罗斯（Bill Gross），管理着 PIMCO（全球最大的投资公司之一）的固定收益基金。他们投诉衍生品允许企业和投资者对赌，是"玩别人口袋里的钱"，衍生品合约隐藏的损失终将爆发。

比如，致使巴林银行倒闭的金融灾难，震惊全球的长期资本管理公司崩溃导致 46 亿美元损失，均毁灭于衍生品合约。这些失败的例子无不提醒着公司管理层，他们误解或忽视了制造衍生品的赚钱金融模型，这些其实都附带了极大的金融风险。这意味着，如果一方出现故障，另一方便将崩溃。巴菲特形容衍生品是附带"菊花链风险"的"疯子"合约。

但是，前美联储主席格林斯潘却痴情于金融衍生品，他运用雄辩家的语言天赋，把充满火药味儿的衍生品给稀释了。格林斯潘不乐意巴菲特对衍生品的指责，他隔空与巴菲特交战。2003 年,格林斯潘在参议院银行委员会作证时说:"在市场多年,我们已经找到了非常有用的、转移风险的工具衍生品,至于那些认为应该加强约束衍生品合约的倡导者,我们认为这是一个错误。"格林斯潘认为,在经济萧条时,衍生品实际上降低了金融风险,产生了"一个在 25 年前就存在的更加灵活、高效、富有弹性的金融体系"。

在全球金融领域,巴菲特和格林斯潘都被视为圣人,他们的观点和意见分歧,可能是因为巴菲特购买"通用再保险公司"的衍生品损失了数百万美元。最终"通用再保险公司"因衍生品被迫关闭,令巴菲特认为衍生品就像地狱,"容易进入,几乎不可能全身而退"。

不过,格林斯潘不同意巴菲特的观点,他在一次会议的讲话中对此加以反驳。他说,美国经济在恐怖袭击和股市大跌中,展现出"卓越的韧性",是由于银行能够更好地管理风险,保持信贷市场的开放。他认为,通过分散风险,衍生品交易亏损只发生在一个较小的层面,比商业贷款(20 世纪 80 年代的储贷危机)的损失小,这就降低了银行大崩溃的可能性。

可是 2008 年发生了次贷危机引发的金融海啸,这证明 2003 年巴菲特的预言是正确的,就连格林斯潘自己都形容"这次金融危机为百年不遇",但他对衍生品的信心依然不动摇。他说,次贷不是衍生合约的问题,相反,是使用它们的人变得贪婪了,是缺乏诚信催生了危机。

然而,对于全球这场金融危机,有人却持截然不同的观点,认为格林斯潘是这场动荡的罪魁祸首。在 1997 年,格林斯潘联合财政部长鲁宾(前高盛合伙人),强烈反对商品期货交易委员会主席波恩(Brooksley Born)对金融衍生品进行严格监管的建议。1999 年 11 月,格林斯潘向国会建议,"永久剥夺美国商品期货交易委员会对金融衍生产品市场的监管权利"。格林斯潘的这一建议居然被采纳。美国参众两院通过了《金融服务现代化法案》，而《格拉斯—斯蒂格尔法案》终于被废除。从此，衍生物在华尔街畅通无阻、恣意妄为。

自20世纪的经济大萧条以来，美国经历过一系列的金融危机，但这次次贷危机的震撼力却是空前的，它导致金融系统的每一个角落都剧烈地震动。住房抵押贷款支持证券、商业抵押贷款支持证券，以及以资产作为抵押的担保债务凭证的交易都停顿了，连美国各个州和地方政府为建造学校或进行公共建设筹资时发行的免税债券也都卷入了风暴的漩涡，遭到市场的猜疑。

不仅房屋抵押贷款支持债券面临灾难，全球货币市场也迅速遭遇了同样的灾难。之前美国以及欧洲央行刚刚建立了一套结构性投资工具（Structured Investment Vehicles，以下简称SIV），通过投资于范围广泛的资产（包括抵押贷款支持证券）和出售短期商业票据来筹集资金。在低利率主导市场时期，SIV能够以简单、低成本的方式发行短期商业票据，然后用筹得的资金去购买长期住房抵押贷款支持证券。但次贷危机一来，货币市场基金和投资人对于SIV发行的商业票据失去了信心，顿时被市场踢出局。

很显然，2008年的金融海啸实际上延伸到了更广泛的金融体系，贝尔斯登、雷曼兄弟、美林、美国国际集团和华盛顿互惠银行均栽在衍生品上。因此，巴菲特在2003年发出的衍生品是"大规模杀伤性武器"的结论（甚至是预警），一点都不错！

证券化的陷阱

华尔街将证券衍生化不断向全球推广，其结果就是全球的财富被神不知鬼不觉地移到华尔街。证券衍生化真可谓华尔街独创的"移山大法"！狼群总是跟着肥羊走。写到此，就有必要谈一谈证券衍生化是如何形成的。

在 20 世纪七八十年代的美国，由于通货膨胀和高利率，银行都很难赚到利润；相反，新建立的货币市场基金却有着很高的投资回报，诱惑着存款资金全部涌向那里。另外，在 20 世纪 80 年代初，许多银行野心勃勃地贷款给拉丁美洲国家，但那些国家并没有好好地管理这些贷款，导致了数亿美元的贷款遭遇违约。从 80 年代中期至 90 年代初期，储贷危机造成 745 家银行倒闭，纳税人因此承担了 1300 亿美元的资金损失。

面对金融市场的变化无常和储贷机构的金融欺骗行为，政府最终不得不以财政（融资）手段来解决危机。无奈之下，决策者设立了一个叫清债信托公司（Resolution Trust Corporation，简称 RTC）的机构。清债信托公司优雅地采用了一种金融技术——证券，将利息和本金以交易的形式出售给投资者。由此，一个新的群体——证券投资者出现在储贷危机中，他们变成了贷款的拥有人，有权获得利息和本金。

于是，证券化便一发不可收，从汽车贷款到商业抵押贷款，全都被包装成证券，出售给广大的投资者。证券化竟出人意料地解决了储贷危机，减轻了纳税人的负担，简直是振奋人心之举。

然而证券化并不是清债信托公司首先使用的，开创者的荣耀要归功于房利美和房地美，以及联邦住房管理局（FHA）。不过，是清债信托公司首先证明证券技术适用于所有商业类型的贷款。不仅如此，清债信托公司为了使证券化通行无阻，还建立了一套法律和会计规则，以及投资者从事证券交易所需的基础设施。到了 20 世纪 90 年代中期，清债信托公司由于运营出现问题倒下了，于是，华尔街兴高采烈地接过了证券化的方向盘。

投资银行家采用证券化手段，首先通过信用卡这一大众市场，利用借款人的信用分数和有针对性的直接营销技巧，使银行得以将信用卡发放给数以百万计的中等收入，甚至低收入的家庭。银行在这一领域面临的唯一限制，来自他们自己的资产负债表——缺乏足够的存款或资本，这就限制了银行放开手脚，大干一场，而证券化就解除了这一束缚。一旦对信用卡进行了证券化，那么银行不需要存款就可以放贷，这时就有投资者购买由信用卡抵押支持的证券，资本已经不是问题，因为是投资者拥有了持卡人的贷款，而不是发卡银行。信用卡贷款因而剧增，到了20世纪90年代中期，应收款增加了一倍。

证券化的威力还体现在繁荣时期的房屋净值贷款和住房建造贷款上。当美国国会取消了对非抵押贷款债务利息的减税之后，对第二套房的按揭贷款在20世纪80年代后期快速膨胀，因为房屋净值信贷额度的利息依然可以抵税，房主如果缺钱花，可以用自家的房了做抵押，以低成本和简便的方式获得所需的贷款，随意购买游艇、豪华车、珠宝项链等。别出心裁的营销手段使独栋楼颇具吸引力，有取代公寓的趋势。到20世纪90年代中期，房屋净值贷款和住房建造贷款几乎增加了3倍。

但是，最活跃的信用卡、房屋净值和住房建造的放贷人并不是银行，而是金融机构。这些金融机构无须吸收存款，因为贷款已经证券化了。正因为无须吸收存款，金融机构才不像银行那样受到监管机构的监控。如果金融机构破产了，那么纳税人不会受损失，只有金融机构的股东和其他债权人会亏损。因此，金融机构便为所欲为，越来越疯狂，甚至毫无顾忌地降低或完全违背传统的贷款标准。

于是，银行保持资产负债表前提下的贷款模式，迅速让位给新模式——将贷款证券化并出售给广大的投资者。银行业这一新模式被监管机构全面认可，因为银行并不拥有贷款，也就不需要承担风险，这就减少了储贷危机再次发生的可能性。但事实上，这些贷款所涉及的风险并没有消失，只是被转嫁到投资者身上了，换言之，风险实际上被延伸到了更广泛的金融体系。

接下来发生的事件，敲响了有关限制证券的警钟。拖欠债务、违约以及个人破产案例开始增加，不应该得到信用卡以及房屋净值贷款的家庭首先陷入困境。这些抵押贷款支持证券引发了 1997—1998 年的全球金融危机。这一事件从东南亚负债的经济中酝酿，后来一直延伸到俄罗斯，最终导致长期资本管理公司的崩溃。在 1998 年秋季，有几天市场上所有的交易都停止了。在美联储调降利率，房利美和房地美迅速购买大量的抵押贷款支持证券，给市场提供了急需的流动性之后，恐慌才平息。可是对许多金融机构来说，这些救市措施还远远不够，许多银行最终要么被兼并，要么面临倒闭。危机的影响力大约持续了 10 年，直到发生次贷危机。

我们在前文已经提过，次贷本身的总金额只有 1.3 万亿美元，即便"全军覆没"也不可怕，可怕的是次贷进一步变成了次级债务，其金额立刻被放大了 40 多倍，变成 55 万亿美元。当房价高到再也没有"傻瓜"愿意接手房产的时候，房地产市场中的交易便无法继续，人们避之唯恐不及，那把锋利无比的下行利剑，一下子斩断了财富金字塔的阶梯，底部立刻松动、崩溃。

这么多年来，利润丰厚的证券化、衍生化早就成了华尔街最主要的业务，包括为客户做交易和承销债券。因此高盛、摩根士丹利、贝尔斯登、雷曼兄弟和美林证券，还有其他投资银行都是高利润产品的代表，特别是多种包装完美、充满异国情调的住房抵押贷款证券交易。这种衍生证券的实际操作比买卖房子至少复杂了 10 倍，而且花样繁多，什么 Straddle（跨式交易）、Strangle（勒式交易）、Naked put

（无掩护卖权）、Butterfly（蝶式交易）、Covered call（保护性买权）、Collar（保护性封顶保底）、Iron condor（铁兀摩部位），这样反串，那样对冲，风险被漂亮地包装起来，变成美丽的罂粟，使华尔街投行能够保持唱高利润。

而高利润的来源是通过杠杆，真是成也萧何，败也萧何。杠杆放大了利润，同时也放大了风险，成了投行最大的隐忧。对冲基金经理是最具借钱投资攻势的一群人，在 2005 和 2006 年的金融狂潮期中，许多对冲基金利用高达 15 倍的杠杆效应，即自己投资 1 美元，借用 15 美元的比例进行投资。对冲基金承诺可以提供超高的回报，但高回报一定紧紧伴随着高风险。

如果赌注押对了，那么杠杆作用确实能保证投资者获得巨大的回报。但如果押错赌注，那么投资者面临的可就是灭顶之灾了。譬如，对冲基金准备购买价值 100 美元的次级抵押贷款支持证券，基金花费的自有资金为 10 美元，它再另外借用 90 美元。如果证券价格上涨 10％，回报则是 100％，其回报相当于原来自有资金 10 美元的一倍。但是，如果证券的价格下跌 10％，基金的自有资产也就荡然无存了。所以说，通过杠杆作用进行的投资是致命的，即使投资者对此加上对冲。那些基金经理何以胆大包天？我们都知道，那是为了追逐利润。假设一旦赌输了钱，他们就必须从自己的腰包掏出钱来赔，那我们看看谁还敢这样做？肯定没人敢了。

正因为并不是用自己的钱投机，赚了的话是他们赢钱，而亏了的话损失的是别人口袋里的钱，他们照样有钱进账，因为"奖金"早已计算在公司的营运成本内。他们的玩法，已达到了赌徒的最高境界——稳赚不赔。像高盛、摩根士丹利和美国国际集团等金融机构，本事还要大，稳赚不赔不说，甚至能将规模玩至"大到不能倒"——它们把政府当作后盾。但贝尔斯登和雷曼兄弟就没有这么好的运气，最终只有倒闭的结果，不过那也没什么，它们倒闭之后还可以东山再起。我们把这句话放在这儿,只要华尔街模式存在一天,金融海啸就还会继续发生,像贝尔斯登和雷曼遭遇的那种灭顶之灾就会再重演。

贝尔斯登表现最突出的两只对冲基金——Bear Stearns High-Grade Structured Credit Fund,和它的 The Bear Stearns Grade Structured credit Enhanced Leveraged Fund,是 2008 年那次金融震荡的催化剂,两只对冲基金投资的 AAA 级 CDOs 级担保债务凭证都使用了极高的金融杠杆率,即使它们采用了抵消风险的对冲方式,即投资于 ABX 次级抵押贷款指数,最终也没能挽救它们自己。

这看上去是一个成功的模型:购买债务的成本来自在担保债务凭证上收取的利息,并以信用保险的成本作为对冲。两只基金最终呈现出高额的回报。然而,随着抵押贷款违约率上升,一切都被破坏了。投资于次级抵押贷款支持证券的基金价值大幅缩水,基金经理所进行的对冲没能充分涵盖其在杠杆作用下扩大的巨额亏损。

而借钱给基金的银行面对的是次级抵押贷款支持债券的蒸发,这种突发性的亏损使银行异常紧张。于是银行要求基金拿更多的资金作为抵押,从而迫使基金出售债券以筹集现金,这使得次级抵押贷款支持证券的价格下降得更快,银行就更加不安,便要求更多的资金担保,从而造成基金出售更多的次级抵押贷款支持证券。这样的恶性循环没过多久便使得对冲基金分文不剩,噩梦就此开始。

2008 年 3 月,摩根大通以每股 10 美元的价格正式完成了对贝尔斯登的收购。而在 2007 年 1 月,贝尔斯登的股价曾高达每股 170 美元。贝尔斯登在全球的员工约有 1.4 万名,公司历来鼓励员工持有本公司的股票,员工持股量达到总股本的 1/3。股价大跌使贝尔斯登的员工遭遇了巨大的损失,当然,受损的还有广大的投资者。

而雷曼兄弟则因过度投资于担保债务凭证，紧跟着贝尔斯登倒下了。雷曼兄弟是以购买住宅和商业房产抵押贷款支持证券做后盾（它大胆假设房地产市场的价格是永远不会下跌的），因此大量投资于担保债务凭证市场。由于雷曼完全依赖短期贷款做生意，因此它要获取高额利润并及时地连本带息归还贷款，就只有铤而走险了。它以 1：35 的杠杆率进行投资。也就是说，雷曼兄弟拿自己拥有的 1 美元，从别处借入 35 美元进行投资。按这样的比率，只要其资产负债表中的投资总价值下降 3％（雷曼的实际亏损幅度远远大于 3％），股东的权益便会完全丧失。于是，当房地产市场无情崩溃后，雷曼兄弟因无力偿还所欠贷款而"寿终正寝"。与贝尔斯登的情况相似，雷曼兄弟持股的员工也遭受了重创。

写到这儿，前面讲过的概念就更清晰了：华尔街金融体系是掠夺财富的武器，对冲基金经理、外汇交易员、经纪人和进行投机的炒家是当今的冒险家，大型投资银行是武装起来的船队，经济是他们的海洋，上市公司是为他们掠夺财富服务的船只，而国家则变成了他们的奴仆和监护人。

凡事看结果。每到年末，华尔街投资银行便开始清算"战利品"——其发放的红包大小是最吸引人们眼球的财经新闻。年景好的时候，各大投资银行报出的红包数额一家比一家高，民众也还能够接受："美林 45 万美元的平均奖金""雷曼兄弟平均 50 万美元""摩根士丹利平均 55 万美元""高盛平均 60 万美元"！当前金融危机远未结束，高盛则在 2010 年率先高调报出其 3.1 万名员工的人均入账有望达到 70 万美元的消息，这一收入水平创高盛 136 年历史上的最高纪录！这使大量失业或失去家园的美国民众怒火中烧。

针对美国民众高涨的怒火，高盛的董事长兼 CEO 布莱克芬振振有词地辩解道："我们干的是上帝的活儿。"其言外之意是，他们索取的高额报酬名正言顺。

这真可以说是"见过无耻的,可还没有见过这么无耻的"！金融危机确确实实证明,危险的根源就是资产证券化。然而华尔街投资银行最赚钱的业务,恰恰就是资产证券化和衍生化业务。在这个证券化的过程中,华尔街 2％ 的人把垃圾包装成黄金(譬如次贷证券化)。他们赚得越多,广大投资者的亏损就越大。社会大众的财富就这样神不知鬼不觉通过"移山大法",被装进自称是"为上帝工作的人"的口袋中。

不妨来看一看,高盛的金融大鳄究竟干了些什么样的"上帝的活儿"。高盛 2009 年头三个月的利润来源分为四类:

1. 金融咨询：3.25 亿美元;

2. 股票销售：3.63 亿美元;

3. 债券销售：2.11 亿美元;

4. 交易和资产投资：100 亿美元。

大家请留意,最后那个 100 亿美元,比华尔街传统业务总共创造的几亿美元要多得多,这个 100 亿美元,就是高盛像变魔术般变出来的利润,其中也包括了搜刮中资银行得来的利润。然而自金融危机以来,高盛通过四个渠道从纳税人口袋里还得到了相当多的救助:

1. TARP(不良资产救助计划)：100 亿美元;

2. 美联储：110 亿美元;

3. FDIC(联邦存款保险公司)：300 亿美元;

4. AIG：130 亿美元。

这些救助总共达到 640 亿美元。如果没有这 640 亿美元的救助资金,高盛就将像其他很多银行那样,绝对活不到今天。高盛在危机最严重的时刻获得这些救助资金，并再一次利用 20 到 30 倍的高杠杆借到相当于 2 万亿美元的资金，一跃成为当时最有钱的银行，而后又利用这些钱在股票市场崩溃和各类资产处于最低价的时期大量购进资产。随后，高盛在美联储和财政部以"营救金融体系和国民经济"的名义投入了 23.7 万亿美元的资金，使那些资产重新膨胀。高盛完全是用纳税人的钱在最低价时购入资产，从而得以创下盈利纪录，而纳税人却没有得到任何的利益。这就是所谓的"上帝的活儿"。高盛的金融大鳄们脸不变色心不跳地将所赚利润的一半——210 多亿美元装进了自己的口袋。

当时，为了平息大众愤怒的情绪，高盛表示，公司 30 位级别最高的管理者将不接受 2009 年的现金奖励，而是以股票代替现金。这种换汤不换药的"典范"之举，依然难以息民愤。要知道，美国上班族平均年收入不过 5 万美元，而单单华尔街人士平均获得的红包，就接近普通上班族平均年收入的 15 倍；华尔街不仅闯下大祸令全球经济进入衰退，使大量无辜的民众丢掉饭碗，而且在分发"战利品"时丝毫不手软，这种情形能不令人愤怒吗？

由于金融化、衍生化可以巧取豪夺他国财富，目前中国有人提倡学华尔街，全面实行金融化、衍生化。先不说金融化衍生化带给世界的大灾难，提倡金融化、衍生化的人似乎忘了重要一点，美国"金融化"中相当大的部分，是由美元的特殊性所带来的"金融创新"。离开了美元的特殊性，向他国转移金融风险掠夺他国财富，结果必定导致"金融怪胎"而玩火自焚，就连美国自身都不能例外。

华尔街缔造的经济模式——只靠呼吸便可"创造社会财富"的外表华丽而脆弱的金融体系，实际上是一颗金融毒瘤，毒素已开始侵蚀个人、社会和整个人类。因为华尔街的本质就是利用复杂的交易使财富的蛋糕不断增大（不管财富是否掺水），然后采用不道德的手法剥夺社会财富。究其缘由，无非是华尔街霸权资本操控着商品市场的定价权,能够使他们站在财富金字塔顶端,以最大限度地扩大个人的金融收益,从而最大限度地加以攫取。

华尔街通过"金融创新"创造出大量的"衍生产品",吸收中国和其他国家的部分美元储备,将美国在美元上面临的金融风险轻而易举地转移到中国和其他美元储备国的身上,而这些美元资产价值随时都可能在空气中蒸发,进而使得美国得以永久掠夺中国和其他国家的财富。因为就算是华尔街"金融化"得再深,它也无法"化"出衣服、粮食、房子和汽车。金融化的无限扩张,必然会带来资产泡沫,导致社会冲突,并最终引发金融危机。从以往的南美、日本、东南亚的金融风暴,到这次远未平息的金融海啸,以及冰岛、迪拜和希腊政府的债务危机,连带欧元面临崩溃,无不清楚地向世人证明,社会财富是靠实体经济创造的,"金融化"充其量只能保障社会财富的创造顺畅进行,这种活动本身并不产生或创造社会财富。而过度"金融化"带来的后果,就是发生一次次金融危机,使他国财富被顺利地转移到华尔街。

金融创新为哪般?

华尔街有句名言:"我的姥姥或者我的奶奶,如果我能够把她打扮成一个18岁的漂亮大姑娘,我也可以把她卖了。"

电影《阿凡达》的票房突破25亿美元,而投资只有四五亿美元,赚了四五倍。华尔街看到电影票房是个很好的投机产品,就开始金融创新了,弄了个叫电影票房的期货。

金融创新的目的是什么?

利的方面是能够形成对冲。弊的方面是,就好像把满脸皱纹的老奶奶打扮成一个 18 岁的大姑娘，然后推销给全世界。大家买了以后，等她把化妆一洗去，仍然是 80 岁的老奶奶，这就是泡沫破灭。当她 80 岁老奶奶的原形毕现的时候，普通散户的钱已经没了，全跑到投行们的袋子里去了。所以，金融创新是华尔街掠夺财富的工具。

由于人性使然，人心千变万化，即便拥有固若金汤的复杂的数学模型，也无法在人心叵测的金融市场稳操胜券。因此想让游戏继续玩下去，华尔街就必须利用人性贪婪的弱点，吸引人们一次又一次地把钱交给他们。那华尔街是怎么做到这一点的呢？靠金融创新推出新产品（特别是衍生证券）变出新花样，也就是我们通常所说的以"旧瓶装新酒"，来获得巨额财富。

奥巴马上台时曾雄心勃勃，期望通过金融改革方案，对华尔街今后的金融创新产品，特别是金融衍生证券——2008 年金融危机的根源进行监督。经过一年半的辩论、谈判和妥协，奥巴马的金融改革方案通过了参众两院的投票，这个难产的"婴儿"终于诞生！奥巴马称赞"新法案意在加强对消费者的保护，使金融产品更透明，对投资产品加以严厉监管，以及限制了投机性投资"，是有史以来最强大的、对消费者的财务进行保护的法案。

但仔细一看，在洋洋洒洒的新法案中，对于其中的关键部分与原先的草案相比较，大大削弱了改革的力度。比如新法案对农业和航空业的衍生产品，以其交易能够抵御市场风险为理由，完全不受任何监管。想想也是，金融衍生产品是华尔街创高利的"命根子"，华尔街怎么可能"拱手相让"于白宫呢？

华尔街的发展到了今天，已与原始的初衷相违背，不再是为实体经济输送血液的驱动机，而是金融罪恶的大赌场。华尔街一次次的金融创新，成了一次次金融危机的罪魁祸首。但现代社会离不开金融，只有当华尔街融资的功能——把社会的闲散资金投给需要资金的企业，华尔街的积极意义才会真正体现。

第四部分

不做接盘侠

12

拒绝杠杆诱惑

阿基米德说:"只要给我一个支点,我将撬起整个地球。"

所有金融衍生产品,就是从阿基米德的杠杆原理发展而来。金融杠杆可以把回报放大,同样也可以把亏损放大。而减少金融杠杆就像戒毒瘾一般,极其痛苦。

杠杆是行情最好的催化剂

2015 年中国那次股灾,A 股连续三周暴跌,骤然演变成股灾,眼见 30 年高速增长积累的财富没有流向实体经济,反而流向了虚拟经济,犹如"自相残杀"一般,股民们晕头转向,措手不及,央行不得不出手救市。

然而,看似坏事的股灾也有可能成为好事,它使人们看清西方主流经济学的教条"看不见的手"不能保证市场经济的稳定性,已被 2008 年的金融危机砸得稀巴烂。而且,即便如美国那样所谓最市场化的国家,政府也必须出手救市,这在 2008 年金融海啸中已经表现得清清楚楚了。

因此,政府火线救市不容置疑,不容争议。因为这次股灾堪比 2008 年美国雷曼兄弟的倒闭,彼时,美国施行了"紧急状态法"。实际上,日本和俄罗斯也都有"紧急事态法",实际上就是危机管理法,为金融危机管理提供立法保障,这次中国政府出手救市,肯定是必需的。

2015 年 A 股不幸中的大幸,就是从 5100 多点跌下来,而非上涨至 8000,甚至 1 万点才开始跌。因为，从 2014 年 10 月的 2100 点上升至 4000 点是牛市，尚算健康。

但是从 4000 到 5200 点就涨得太快了，变成了"疯牛"。问题正是出在了"杠杆牛"上，当时要是出台措施避免"疯牛"，自然就避免了股灾发生，成本会小很多。这其中的因果关系一定得梳理清楚，如果在 8000 点以上再暴跌的话，后果将更不堪设想。今后怎样避免"疯牛"，才是这次股灾最大的经验教训！

关于"杠杆牛市"的教训，我们可以借鉴一下中国台湾地区的经验。

"台湾在 20 世纪 70 年代末 80 年代初就搞了融资融券制度，从 1985 年到 1990 年，台湾股市从 600 点涨到 12000 点，指数涨了 20 倍。第一次出现了带杠杆的牛市，大家觉得借钱炒股比自己的小本经营赚得更快。但融资是双刃剑，当下跌时惨剧便发生了。1990 年 2 月份开始，股市一泻千里，从 12000 点 8 个月的时间跌到 2400 点。结局是消灭了一批中产阶级和富有阶层。台湾地区一共 2000 多万人口，只有 600 多万家庭，而当时台湾开户的数量达到了 500 多万户，也就是说几乎所有的家庭都参与了股票市场！消灭了这些富有阶层和中产阶级以后社会大乱，民进党就是在那个时候兴起的。"

——引自社科院尹中立的博客

台湾同胞用惨痛的代价给我们立了警示牌，总结一下这段历史，对我们有非常大的借鉴意义。

虽然股市只是资本市场中的一部分。但是，股灾将会引发资本市场的不稳定，就像 2008 年美国雷曼兄弟倒闭，继而引发全球金融危机那样。因此，救股市其实就是拯救资本市场,以避免股灾引发金融危机的发生,俗话说得好:"预防胜于治疗!"

如果说要坚决打击恶意做空,我们就更要果断制止恶意做多。因为做多和做空就好似一纸两面,没有恶意做多,也就不存在恶意做空。而恰恰是恶意做多造成了疯牛。如果没有疯牛,也不可能引来恶意做空,就不可能发生股灾,更不可能将经济绑架在股市之上!

此外,金融市场向来是"道""魔"相争之地,因此只能用监管的方式,来维持游戏的公平,如打击内幕交易、违规操作。无论做多还是做空,只要不违规,便无所谓善意恶意。因为资本永远是逐利的。看到一种商品被低估,就会买入,以求高价卖出获利;同时,看见一种商品被高估,也会高价卖出,以求低价买入时获利。这是资本市场的属性,所以加强监管是王道。

慎用金融杠杆

我们来温习一下阿基米德的名言:"只要给我一个支点,我将撬起整个地球。"而所有金融衍生产品,就是从阿基米德的杠杆原理发展而来。

其实在我们的日常生活中,杠杆原理应用得非常广泛。譬如,打开瓶盖子的开瓶器,使用的就是杠杆原理,可起到省力的功效;再譬如轮船和汽车上的方向盘,也运用了杠杆原理。或许你平时没在意,事实上,目前中国百姓使用的购房支付方式——房屋按揭贷款,使用的也是杠杆原理,不过前面需要加上"财经"两个字,也就是华尔街人常说的"leverage"("金融杠杆"或"资金杠杆")。

几年前我回国探亲,为了感受一下中国火爆的房屋市场,便走进一个新楼盘的售楼处。售楼小姐热情洋溢地介绍说:"先生,如果购买一套这个楼盘的房子,只需支付 20% 的首付款,剩下的我们可以帮你申请银行贷款,你可以先住进来,钱嘛,以后一点一点慢慢还。"

"哇,听上去不错!"我随意应道,接着反问:"那我以后要是付不出贷款怎么办呢?"

"那有什么关系?!这房子非常好销,行情见涨。万一付不出贷款的话,卖了就是了,肯定是一笔只赚不赔的买卖。你要当机立断啊,过了这个村,可就没这个店了。"

那位售楼小姐所言或许是实情。这几年,中国的房价似乎只涨不跌,即便"天价"房,也照样有人抢购。但众所周知,绝大多数买房子的人,都不是一次性付清的。聪明的投资人(准确地说,应该称炒房者)即便怀揣 100 万元(假如一套房子为 100 万元),他会非常聪明地买五套,每套房子支付 20% 首付款,自然而然运用了金融杠杆的原理,然后等待房子上涨。

如果首付款 20%,他就运用了 5 倍的金融杠杆,假如房价增值 10%,他的投资回报率就是 50%;如果首付是 10% 的话,那么金融杠杆就变成了 10 倍。如果房价增长 10%,他的投资回报就是 100%,那可是增长了一倍啊!

这下该高兴狂欢了吧!慢着。

凡事有一利就有一弊,常言道"甘蔗没有两头甜",金融杠杆也不例外。金融杠杆可以把回报放大,同样也可以把亏损放大。同样以那 100 万元的房子做例子,如果房价下跌了 10%,那么 5 倍的金融杠杆,亏损就是 50%,用 10 倍的金融杠杆,就等于本钱尽失,全军覆没……金融危机以来,美国 1200 万套房子被强行拍卖,其主要原因就是以前使用的金融杠杆倍数被无度放大。

　　而减少金融杠杆就像戒毒瘾一般，极其痛苦。房价跌，房屋净值（home equity）消失，拍卖房一上市，房价更跌，房价跌，拍卖屋则越多，恶性循环……因此说，美国现在面临着自 20 世纪 30 年代以来最严重的经济危机，并非危言耸听。

　　的确，在房市景气的年月里，我们听说了无数个房价翻番的幸运者的故事。但房价不会永远上涨，美国、加拿大、日本、爱尔兰、中国香港等地就是明证。火箭般上升的房价窜得越高，对于真正想购房居住的普通百姓而言，从银行贷款的金额就越高，他们支付的利息也就越多。而一旦购房者还不起房贷，银行就索性将房产一并收回。他们收得名正言顺，谁叫你欠钱不还？

　　现在，美国很多家庭和银行都深受减少金融杠杆之痛，所以只好转向政府救助（bailout）。政府从全国经济发展的角度，除了救助以外别无选择。美国政府救了贝尔斯通、救了"两房"、救了 AIG，接下来还要救 FDIC、救学生贷款保证金……

　　如果说以前是个人大量使用金融杠杆的话，那么现在是政府大量使用金融杠杆。政府使用金融杠杆的结果，将是通货膨胀和美元贬值。从这个角度来看，美国政府的长期债券回报（3.75％），扣除了税收和通货膨胀率以后，几乎没有任何收益。

　　这次美国及世界的金融杠杆减少过程，将会是一个非常漫长而痛苦的过程。因此，中国在开放金融市场之际，必须先修筑防护栏，以保护国家财产不落入金融霸权——华尔街的囊中。

13

多投资，少投机

　　如果短线交易者能长期依靠炒股赢钱，除了比其他短线交易者更聪明外，还必须具有非比寻常的好运气，就像在赌场里撞了大运。 当然，还有两种可能： 一是有内幕消息，另一种可能就是，他们是神仙！

投机属于赌徒行为

投机不会创造财富,只是财富的再分配,并不会增大市场的蛋糕;只有投资才会创造社会财富。

因为投机是零和游戏,有人赢了,就一定有人输。就如同进赌场,一人赚,二人打平,七人亏,输的多半是散户。为什么? 由于市场信息极其不对称,普通百姓往往是最后才得知好消息(或者是坏消息)的群体。当你听到有人发财的新闻时,那就更不能轻易进场了。因为你多半会成为那七个人中的一个,你所亏损的钱,正好进入了前面那个人的腰包!

虽然投资也有可能亏损,但是相对投机来说可控度比较大。比如在欧美就有一种抗通胀的债券,其回报率一定能超过通胀率,买入这种债券带来的票息(coupon)回报是可以预期的,并能抵御通货膨胀。

当然,一个健康的市场需要投资者和投机者同时并存,否则这个游戏就玩不起来了。

所以对于普通百姓来说，我要再次强调，多做投资，少做投机（包括早就不属于投资产品的黄金），除非你有过人的第六感，否则小赌怡情，玩玩即可。

中国人最钟情买房子，那就先拿买房子来具体谈谈吧。

假如你花 100 万元买了一套公寓之后，再也不关心房价的涨跌，只是把公寓租出去，指望着租金给你带来稳定的回报，这个行为就是投资。也就是说，你所投资的这一产品，能给你的未来带来稳定、有保障的收益。如果出租的公寓每年收益为 6 万元，扣去地税和物业管理费 1 万元，等于净赚了 5 万元，每年的投资回报率就是 5%。但是，如果购买了这套公寓后，每年的租金收入只有 2 万元，再扣去地税和物业管理费，净赚只有 1 万元，那每年的投资回报率就是 1%，比银行定期的利息都低，这显然就是一个亏损的投资。

由于出租带来的收益比银行的利息还要低，于是你并不期待租金回报，只希望房价能上涨，等卖出去赚得差价，那这样的购房行为就是投机了。

从上面这个例子便可以清楚看出，同样购买房子，可能是投资，也可能是投机。

顺便提一下，投资房地产有一条原则非常重要，那就是，真正增值的只是土地，而不是房子本身。也就是说，如果购买房子后同时又拥有了土地，那么从长远来看是一种投资；而如果你购买的只是房子的使用权，并没有真正拥有土地，在这种情形下，即便你拥有了稳定的租金收入，从金融角度看，也只能视为投机行为。从这个角度而言，在中国购房都属于投机行为。

再谈谈股市。

比如你买入一只资深蓝筹股，像美国的电力公司，每个季度都分红，多年来其股息分红稳定在每年 5% 上下；如果你对这只股票的价格涨跌毫不关心，只在乎它能带给你固定的股息分红，那就是投资行为；而你买下一只高科技股，这个公司还没开始盈利,只有盈利的前景,你只是寄希望于其股价上涨,能低买高卖而获利,那显然就是投机行为了。

对于大市的投入,也很容易区分投资和投机。例如,在 2007 年上半年,那时固定收益的债券收益率一般在 6％到 8％,而同期的股票分红率只有 2％到 4％,如果你买固定收益的债券就叫投资,而买股票就叫投机。因为按市场规律,那时股市应该下跌了。实际上,当时如果你那样做了,在当年 10 月份开启的那次牛熊转换中就会毫发无损。同理,在 2009 年年初,股票的普遍分红率升至 7％到 9％,而因为超低利率的关系,固定收益的债券收益率跌至 1％到 3％,这个时候,你如果购买股票,那就叫投资,而买债券反倒成了投机。

据我所知,国内的股市风云 20 多年间,流通股几乎没有什么真正的分红,这样的股市鼓励散户做快进快出的投机者。因为在这样的"游戏"里,就像打麻将一般,甲赚到的钱,必然是乙输掉的钱,而并非来自上市公司的利润分红。因此,股市每次猛涨之后就必然惨跌。更由于信息不对称,持股的成本不同,赚钱的往往都是机构和大户,散户基本上就只能"十个炒股九个亏,一个勉强打平手"。

再举个例子。前几年,普洱茶收藏非常火,仅珠三角就有近 20 万收藏者,各款不同的普洱茶珍藏版层出不穷,据说老茶饼动辄拍出人民币数万乃至数十万元。由此我又联想到东南亚富人爱收藏的法国红酒——拉菲·罗斯柴尔德(Chateau Lafite Rothschild)。

有人说拉菲红酒既能当极品来品尝,又可以当作最安全和利润最高的投资产品,真的如此吗? 不妨让我们来认识一下拉菲这一高级红酒。

拉菲(Lafite)的名字是来自加斯科术语,有小山丘(La Hit)的意思。拉菲红酒产自法国梅多克(Medoc)最大的葡萄园,其种植面积超过 100 公顷,每年约产

35000 箱红酒，其中 15000 至 25000 箱为一级葡萄酒（Chateau Lafite Rothschild），是由 30 年之久但不超过 80 年的葡萄藤所结的葡萄酿造，其余为二级葡萄酒——佳德士拉菲（Carruades de Lafite）。

拉菲红酒历史悠久，最初由塞古尔（Jacques de Segur）家族种植于 1680 年，发展到 18 世纪初获得了"国王之葡萄酒"的美誉，历来价格不菲。在美国第三任总统杰斐逊的档案里，披露了杰斐逊经常为乔治·华盛顿购买拉菲酒。当年杰斐逊拥有的产于 1787 年的拉菲酒，被创纪录地拍卖到一瓶 15.6 万美元的高价。

随着法国大革命的到来，塞古尔家族的财产在 1794 年 7 月被充公，从而结束了对拉菲酒庄的拥有权。3 年后，拉菲酒庄被荷兰财团买走了。之后几经易手，到了 1868 年，酒庄被詹姆斯·罗斯柴尔德男爵以 440 万法郎购得，男爵便在拉菲后面冠以家族之姓——罗斯柴尔德。

拉菲红酒自 2008 年投放市场的 6 个月里，酒价在全球被推高了 125%。不过，中国富人购买拉菲酒大多不作收藏，因为收藏一级红酒的过程相当复杂，牵涉到不同的季节、不同的温度、湿度和放酒的角度等，需要专业人士管理。中国富人喜爱高级红酒，主要出于商业运作的需要，商业伙伴间一杯昂贵的好酒下肚，就什么都好说了。

然而，假如极品红酒的收藏工艺不那么复杂，购买红酒作为投机的中国人一定大有人在。想想看，一瓶 1787 年的拉菲酒，能被拍到 15.6 万美元的高价，谁能大胆地说它不是增值的投机产品？但是别忘了，拉菲酒本身不会带来固定收益，只有等到下一个买家接手才会实现增值。

不信的话再来看看 2007 年时一度天价的红木家具。在中国—东盟博览会上，曾经展出过一套价格为 8000 万元的老挝红酸枝家具，可后来同样在中国—东盟博览会的会场,同样的家具标价跌至人民币 19 万元。没有买家愿意支付 8000 万元它就不再值 8000 万元,它值多少在于下一个买家愿意支付多少。

另外,古玩、名画、钻石和邮票这类商品也一样,它们本身不会带来任何固定收益,要想获取收益就只能期望以更高的价格卖出,全都符合投机的基本定义。

为什么我反复说多投资、少投机甚至不投机才是最佳的理财之道呢?从上面几个案例中可以清楚地看到,投资注重收入,是可控的,而投机是不可控的,它和赌徒的行为本质是一样的,由于信息极其不对称,就像赌徒总是输给赌场那样,散户多半要输给庄家。

这些道理说起来很简单,但真正做起来就非常不容易。因为从众心理作祟,人们多半喜欢追涨杀跌。所以一般大众投机的多,真正投资的人却很少。这也是普通散户赢少输多的真正原因。

不妨再回到上面那个红酒的例子,其实投资和投机的区别已一目了然。那位拍走了杰弗逊总统收藏的拉菲酒的有钱人,只有在不想收藏再次拍卖时,有人肯出超过他支付的价钱,才算获得了收益,属于低买高卖的投机行为;而罗斯柴尔德家族当年花费 440 万法郎购得的拉菲酒庄,每年产出 35000 箱红酒,以高额的价格向全球出售,其收益是投资产生的财富,毫无疑问,当属于最有眼光的投资了。

从徐翔落马谈投资和投机

一般来说,投资收益主要来自两部分:一是所投资企业内在价值的提升,这主要体现于企业利润的增长、分红及企业发展潜力带来的价值提升,这部分就是长线投资的回报来源。据美国股市 80 年的统计显示,扣除通货膨胀后,股票的真实回报介于 6.5％～7％，也就是说，假设通货膨胀维持在 3％左右，股市长期的平均回报应介于 9.5％～10％。

而投资的另一部分收益则来自价格与价值的背离，也可以说是价格的波动，我们称之为超额利润。这部分的收益吸引了短线投机者，他们认为凭借他们对市场的把握，能够找到价格与价值背离的股票，在短线内低买高卖，以此赚取利润。特别是机构投资者，更以他们掌握的资源，利用做空、杠杆机制、期货以及期权等衍生工具，将投资收益放大。

由于短期内企业的内在价值并未有根本性改变，短线交易基本属于零和游戏，即短线交易者的获利，大部分来自其他短线交易者的口袋。所以，短线炒股与赌场的赌博类似，也和四个人打麻将的输赢结果类似。如果短线交易者能长期依靠炒股赢钱，除了比其他短线交易者更聪明外，还必须具有非比寻常的好运气，就像在赌场里撞了大运。请问，有谁能天天撞大运、中大奖呢？学过概率的都知道，当投掷一枚硬币时，连续 5 次猜中正反面就属于小概率事件了。当然，还有两种可能：一是有内幕消息，另一种可能就是，他们是神仙！

几百年来，在金融市场上，每隔一些年就会出现传奇的"赌王"和暴富的神话。不过遗憾得很，这些神话都无法持久。

2015 年 11 月，所谓中国股市中的"一代传奇""私募一哥"徐翔，通过非法手段获取股市内幕信息，从事内幕交易、操纵股票交易价格，其行为涉嫌违法犯罪，被公安机关依法采取刑事强制措施。

但凡关注中国股市的人大多知道徐翔。据公开资料显示，只有高中学历的徐翔崛起于老家宁波，1993 年怀揣着几万元开户，从"涨停板敢死队"逐步成长为私募界顶尖的投资经理。2010 年成立泽熙投资以来，他管理的泽熙系基金产品一向以大幅超越市场著称,其中泽熙1号和3号投资收益超过30倍。而即使经历了中国股市如此大的调整,可泽熙3期和泽熙1期当年的收益反倒分别达到了362.65％和302.57％,名列相关私募榜首,这更让普通散户将其视为"股神"一样的人物。

而如今寻求徐翔之果的原因,一言以蔽之,仍然源于人性的贪婪与监管的缺失。

在美国,对于私募基金一直有着较为完善的监管框架,从1933年、1934年《证券法》《证券交易法》约束基金的发行与销售,到1940年《投资顾问法》规定了投资管理人的注册和监管制度,皆是证明。2008年金融危机之后,美国又于2010年通过了《金融监管改革法案—多德弗兰克法案》,该法案的第四部分对私募股权基金做出了更加严格的规范,严格规定注册制度、信息报告制度、客户账户托管制度等。

然而就国内私募股权基金自身情况而言,目前国内各类基金参差不齐,有些基金运作激进,缺乏足够的风险控制意识,激励和约束机制落后,违法违规行为频发。而就外部控制而言,当下主要的约束性法律条文模棱两可,政策尺度难以拿捏,因此私募股权基金自身更倾向于投机式的短线作战,而缺乏长期投资的动力。加之国内以散户为主的股票交易市场,向来有"股神崇拜"、听风就是雨的习惯,也使得"股神"们的投机式短线作战成为可能。

普通散户若是在徐翔被抓之后还将其视为"股神"一样的人物的话,那显然是混淆了金融市场中投资和投机行为的定义。徐翔高收益的背后,无非还是依靠内幕消息等投机炒作,而非合法的投资获利。

投机和赌徒的行为本质上是一样的。结果就像赌徒总是输给赌场一样,散户总是会输给庄家。而徐翔之流正是号称"中国第一恶庄",他所大赚的钱,恰恰就是散户给他送去的；而最后徐翔的溃败显然也符合这一规律。

因此，正如有分析所言，一代股市枭雄徐翔的倒下，带来的股市游戏规则之变，核心在于引导市场慢慢从投机转向投资，尤其是真正的价值投资。而价值投资的回归，需要的是监管不断更新与完善，对违法违规行为进行更为深入而严厉的打击。

而对于散户来说，在金融市场中，如果听到谁获得了奇高的回报，谁又获封"股神"称号，那背后往往都有不靠谱的，甚至是违法违规的行为如影随形，"一代传奇"徐翔被捕，击碎的是"股神"神话，以及"股神"给散户描绘的"一夜暴富之梦"。

什么是最好的投资？

好些读者经常会问是否有发财的秘诀。在这儿我再次对他们实话实说，对于普通百姓，电影《功夫熊猫》中有一句话道出了事实的真谛："汤中的秘密佐料，就是没有佐料。"

这句话衍生出来的意思，也是我要送给大家的：金融没有秘诀，发财更没有秘诀，投资自己，把自己变为最值钱的"商品"，财富自然会源源不断而来。

这里说个小故事。

我有个朋友10年前存了5万元，他没有以5万元作为购房的首付款，也没有用来买股票，而是看到一则新闻说未来市场上对同声传译的需求将大增。他用供求关系一分析，相信做同声传译未来能够赚大钱。于是，我那位朋友把5万元花在进一步学习外语和练习同声传译上。起先周围的朋友都笑他傻，不过如今他成了人们羡慕的对象。

据我了解,现在国内同声传译的价码每小时高达数百美元,这是一笔何等划算的投资啊!而且大脑里的知识是任何人都无法剥夺的。

从上述例子可以看出,一旦明白了投资和投机的区别,就该知道把金钱投向何方,那就是你的健康和大脑。如果说大脑是财富的来源,那么健康就是一切的本钱。

有形的财富如房子,经过地震、海啸瞬间即垮,而股票一崩盘也即刻变成废纸一张,只有自身拥有的无形财富——健全的大脑和健康的身体,才是任何人都无法剥夺的。做好了这两点,财富由你随时创造,这也是为何我反复劝说人们要少投机、多投资的原因。因为投资不仅可以给自己,同时也能给社会创造真正的财富。反之,财富随时随地都有被剥夺的可能。

14

用好时间"魔力"

沧海横流，方显英雄本色。谁笑到最后，谁
就笑得最灿烂。投资理财在牛市中赚钱不稀奇，
而能经历长久的牛熊周期转换而不亏或少亏损，那
才是良好的投资。投资的第一目的是保值，其次
才是增值。

什么是机会成本?

每种自由,都有代价;每种选择,都有成本。

任何机会都是有代价的,这个代价就是机会成本。机会成本（opportunity cost),是指为了得到某种东西而所要放弃的另一些东西的最大价值。文艺的表达就是,机会成本让你知道,时间是你最大的敌人,你永远不能贪婪占有全部,你做选择时候抛出硬币的每一面,你都不知道被掩盖的反面未来的样子。

机会成本对我们投资启示是:凡事要持之以恒,不要这山望着那山高,尽量做到适可而止,进退有度,见好就收!

先讲一个故事。在 1870 年,美国加州有一个牧场主,他听说加州南部发现了一个大金矿,便立刻把牧场卖给了退役的萨特上校,自己打起背包去南方淘金了,但一无所获。而萨特上校买下牧场后,在牧场的小溪上建了一座水车磨坊。一天,上校的女儿从水道里捧起一些湿漉漉的沙子来到屋内,在场的一位客人发现流下的沙子里有许多闪闪发光的金粒……

这个故事告诉我们，牧场主渴望的金子，其实就埋在他放弃的牧场的地底下。

当你在选择做一件事情的时候，往往也牺牲了你的另一个机会，这就是你所付出的成本。就像上述故事中的牧场主，他放弃牧场去淘金，结果付出了巨大的代价，因为其实金子就在他身边。

事实上，早在 1848 年，法国的古典自由主义理论家、政治经济学家巴斯夏（Frédéric Bastiat），在他的散文 "*What Is Seen and What Is Not Seen*"（《你所见到的和没见到的》）中，就提出了"机会成本"这一经济概念。这个概念在经济学中，对如何确保稀缺资源得到最有效的使用，发挥了重要的作用。

当然，"机会成本"这个概念不仅局限于货币或金融领域，在日常生活中，我们也无时无刻不在做选择，因此我们付出的时间、愉悦的心情和任何其他利益，也都应当考虑在机会成本中。只要留意一下，我们身边有许多这样的故事。以下是我和身边的朋友真实的炒股、炒房经历。

我们当年炒股炒房的故事

我周围的留美同学、朋友中，大都是 20 世纪 90 年代初毕业的，找到工作稳定下来后，正赶上".com"热，于是有些朋友便涌入炒股的浪潮中。我的朋友俞芳是网络设计师，丈夫是银行的业务员，夫妇俩有房有车，生活得轻松自在。然而，互联网的疯狂扰乱了他们平静的生活。媒体所渲染的人们一夜间致富的故事，令俞芳动了心，她也开始炒股票了。就像打麻将，初学者往往总能赢钱，她每笔交易少则赚进上百块，多则赚个三五百。

俞芳的丈夫任职银行金融分析师，初时挺警觉的，知道股票这东西不是那么好玩的,但太太的屡屡得手,使他渐渐丧失了原有的警惕。心想,几千元能赚几百元,要是投入几万元,不就能赚几千元了吗?要搏何不来大的!而他们没多少现钞,在北美是不兴问朋友借钱的,于是就想起了自己的房产,遂去银行抵押套现,将十多万元钱投入了股市。

而另一个朋友老张因为有两个孩子,考虑到孩子的教育,他毕业后首先买了房子。于是他像给银行打工似的,每个月恭恭敬敬按时给银行付按揭,不敢有任何怠懈,当然就没有余钱炒股了。因此每次大家聚会聊天,老张听到俞芳夫妇兴高采烈大谈炒股经:"看我们赚钱多快呀,再过几年就可以退休了",羡慕之情溢于言表。

到了 20 世纪 90 年代末,几乎所有的金融机构都分析出互联网公司的股票有泡沫,一而再地说马上就要破了。但那时的人可真倔啊,谁的劝告都不听,大量的散户涌进纳斯达克,主要炒作 QQQ 股(纳斯达克中 100 家典型公司的指数,类似于"上证 50"),将纳斯达克股指从 2500 点一路推高到 4500 点。而从 2000 年开始,很少有人再谈股票泡沫,大概是"狼来了"叫过太多次,没人信了。相反,"纳斯达克将超过道琼斯"的声音,是一浪高过一浪(当时道琼斯指数已超过 10000 点),不到一个月,纳斯达克果然冲上了 5000 点!

也就在那两年,我也禁不起诱惑,拿出 2 万美元"闲钱",投入了纳斯达克。开始自然连连得手,不久 2 万美元本钱就炒成了 10 万美元,和所有炒家一样,我真后悔当初投得太少,心想要是投入 10 万美元的话,这会儿不就有 50 万美元了吗?眼看股市还在升,感觉这次不像有泡沫,于是又投入 10 万美元。和俞芳夫妇想法一样,我也企望着再翻两番,就可以退休周游世界了。

可就在全民兴高采烈之际,纳斯达克指数突然下滑。刚开始谁都抱有侥幸心理,觉得只是短期的小幅调整,依然在所谓的"低位"不断买进。然而,在一派欣欣向荣中孕育的危险,往往是最易被人忽视和丧失警惕的。

纳斯达克从 2000 年 3 月创历史峰值的 5000 多点,不断地下跌至 2400 点上下,我们再聚会时,老张暗自庆幸没有进入纳斯达克,而我们几个"炒家"早已没了股市高位时的得意,不敢再加码了,只求着 2400 点是底部,能止跌回升,把亏损的钱找回来就知足了。而那时的俞芳更像输红了眼的赌徒,待房产套现的钱也陷入了股市后,她把手伸向了信用卡公司,借的是高息,决定最后赌一把。

最后,纳斯达克跌到了 1100 点,下跌幅度超过 80%。损失惨重的股民面对如此暴戾的市场,真是欲哭无泪。谁能想到纳斯达克疯狂过后的报复会来得如此惨烈?我前后投入的 12 万美元本钱,从最高点 20 万美元一路跌到 7 万美元,实际亏损 5 万美元。幸亏我在 2000 多点时逃了出来,是朋友中亏得最少的一个,周围的朋友中亏 10 万美元都是小意思,俞芳则最惨,房子被银行收去,还欠下大笔信用卡债,最后不得不宣布破产,真可谓倾家荡产。

真是一波未平,一波又起,你方唱罢我登场。".com"热潮刚过不久,美国房地产又开始火热起来,利息是越降越低,房价是日涨夜涨。这回轮到老张眉开眼笑了:"瞧瞧吧,还是房子好,看得见摸得着,房价涨得我都不好意思了。"他趁着低利息又向银行借贷了,卖掉小房换了个大别墅,还开始学着"炒楼花"。

那时有很多"炒楼花"的学习班,教炒房者如何以小博大,用金融杠杆来"一撬五",甚至"一撬十"。老张将自住的大别墅抵押给银行,获得一大笔现金,先买下两个公寓租了出去,以租金来维持每个月的房贷,接着又再把两个公寓抵押给银行,贷出一笔钱,再买入两套公寓。他以"借鸡生蛋"的方法,不断地如此这般,最后拥有 10 套公寓。看着自己的"财产"不断增加,他越来越得意,每次聚会都兴高采烈。而我则越来越发现,那就是几年前我们炒作".com"时的情景,唯一不同的是炒作的工具变成了房子。

我和几个曾经炒股的哥们儿一说，他们也纷纷响应："是啊，老张和我们当年不是一样吗？作为哥们儿劝劝他见好就收吧。"可老张跟当年的我们一样，根本听不进劝，还说："我和你们不一样，你们是玩儿虚的，我这房子可是实打实的东西，而且房价是肯定不会跌的！"

曾研究过美国房市的哥们儿立刻说，谁说房价不会跌，近 100 年来，美国的房价起起伏伏好多次了。可老张立刻反驳说："房价上下起伏很正常，我早就算过了，跌 10％，甚至 15％都无所谓，我的现金流很充裕，撑得住。"我那哥们儿又说了："要是房价大跌 25％呢？"只见老张脸色一黑，斩钉截铁道："美国房价绝不可能大跌！"

话说到这份上就不能再争了，再说就有挡别人财路的意思了。老张一定以为我们这些炒股惨败的朋友，现在是"羡慕嫉妒恨"他了！我们也只能祝福他好运了！

果然好景不长，2006 年 7 月，美国房价突然下跌，老张起先毫不在意，觉得那是暂时的，可万万没想到这房价一跌，竟然也和".com"下跌有着异曲同工之处，迄今已经回到了 2002 年的最低点。这几年每次见到老张，只感觉他的脸色越来越难看，绝对不能再提房价了……

而与此同时，在 2008 年金融海啸后，美国股市先是下跌，大家便纷纷逃离股市，大多都是在极低点割肉逃离的，都以为股市就好似"一江春水向东流"，再也不复返了。可谁又能料到，道琼斯指数跌至 7000 多点反倒止住了，随后一路回升到 2012 年年初的 13000 多点，距离历史最高点也不远了。而美国房价已下跌至 2002 年以来的最低位，还远未止跌，依然"跌跌不休"，有可能会回到 1998 年，甚至 1996 年的价位，相比最高位将跌去 50％。美国房市、股市的走势，再次让我们大家跌破眼镜！

和俞芳夫妇一样,这一年来我们的聚会再也请不到老张了。

写到这儿,读者应该从中领悟出一些道理了:首先,任何机会都是有代价的,这个代价就是机会成本,在抓住某个机会的同时,往往会失去其他的机会;其次,凡事要持之以恒,不要这山望着那山高,尽量做到适可而止,进退有度,见好就收!

复利效应,世界第八大奇迹

我一直强调,普通投资者要多投资、少投机。于是有粉丝问我:我们小散户一共就那么点本金,不投机赚点"快钱",依靠每年百分之几的股息分红或固定收益,猴年马月才能赚到钱啊。

我的回答是:你看中别人给的收益,别人惦记的却是你的本金。赚"快钱"是爽,可你考虑过血本无归的后果吗?再说,人生是一场几十年的长跑,每年百分之几的收益看似不高,但如果坚持下去,若干年后可能就是 笔巨款。别忘了,这个世界上有一种奇迹叫"复利效应"。

我曾就读的纽约市立大学有一对教授夫妻,他们在 42 年前出了两本书,得到 5 万美元的稿酬。教授夫妻的生活朴素简单,没有任何奢侈的嗜好。他们平时的工资过日子已足够有余,对于手中的这笔钱,他们真不知该怎么用呢。一天,教授夫妻向他们的朋友——股神华伦·巴菲特提及此事。巴菲特对他们说:"这样吧,你要是信得过我,就先投入我的公司,我来帮你们管着,好吗?"那时巴菲特已经小有名气,他们异口同声道:"那当然好啊!"

于是教授夫妻将这笔钱投入了巴菲特的伯克希尔·哈撒韦公司。之后,他们从不过问。到后来几乎都将这件事情给忘了。30 年后,教授先生去世了,巴菲特参加了葬礼。在葬礼上巴菲特对那位太太说,你们放在我那儿的钱现在已经涨到6000多万美元了。教授太太大吃一惊!不会吧?!

巴菲特向教授太太解释了复利的奇特效应。这是现代理财一个重要概念,由此产生的财富增长,称作"复利效应",可对财富带来深远的影响。假设每年投资的回报率是20%,本金10万元,如果按照普通利息来计算,每年回报只有2万元,10年后连本带息涨到30万元,整体财富增长只是2倍;但按照复利方法来计算,10万元的本金,10年后会变成62万元,比30万元多了一倍还多!

随着时间的增长,复利效应引发的倍数增长会越来越显著。若仍以每年20%回报计算,10年复利会令本金增加6.2倍(1.2的10次方),但20年则增长38.34倍(1.2的20次方),30年的累积倍数则达237.38倍(1.2的30次方)。若本金是10万元,30年后就会变成2374万元之多。

话说教授太太在先生去世时,立下遗嘱,决定等她去世后将这笔钱全部捐给慈善机构。又过了几年,到她去世时这笔钱涨到了1.2亿元!

其实所谓复利,就是我们中国人常说的"利上滚利"。记得小时候有篇课文,讲旧社会穷人被放高利贷的恶霸搞得倾家荡产,卖儿卖女,家破人亡。在借高利贷时,恶霸所用的就是"利上滚利"。显然,复利是把双刃剑,若能保持稳定的回报,那复利就是锦上添花,财富能稳定地加倍增长;反之,要是不断地亏损,"复利效应"也会很快地将投资打回原形!

谈到复利,在华尔街还有一个人们常津津乐道引用的例子:1626年,美国的土著印第安人,以24美元出售了今日曼哈顿的土地。听上去太贱卖了吧,现在24美元连吃顿像样的晚餐都不够。假设当年土著人将24美元放进银行,按每年6%的复利计息的话,到2010年,他们将可获1250多亿美元,比目前曼哈顿五条大街的房地产的总市值还要高！这就是所谓复利效应的"神奇"了，真可以和爱因斯坦的相对论媲美。难怪爱因斯坦将之称为世界第八大奇迹。

在这儿顺便提一下，在股市中，一时的"疯牛"使人感觉好似钱来得容易，其实那根本不足为道，因为成也萧何，败也萧何，只有持久长久稳定的回报才是王道！

显然，巴菲特的投资秘诀就是"复利效应"——坚持不懈、长线投资，不断获得稳定的回报。而这点对于小到个人的发家致富，中到对公司做大做强，大到国家健康的稳定发展，都是可以借鉴的！

第五部分

理财第一秘诀：
避开骗局

15

古今中外的庞氏骗局

几千年来，骗子犹如走马灯，大有"野火烧不尽，春风吹又生"的架势。而绝大多数骗子的骗术都很低劣，但总是有人上当受骗。看来不能怪骗子，只能怪受骗人自己太傻。因为贪婪和盲从这两种人类本性，时常占据着上风而无法受到控制。普通百姓如此，所谓的精英天才又何尝不是如此呢？

庞氏骗局的诞生

庞氏骗局,通常随经济泡沫而兴起,在泡沫破灭时穿帮!

很多人以为庞氏骗局的始作俑者是查尔斯·庞兹(Charles Ponzi)。其实早在金融业诞生之初,这种骗局就存在了,庞兹只不过是将其"发扬光大"而已。为了纪念他的"伟大",该骗局便以他的名字命名了。

1882 年,庞兹出生于意大利帕尔马的中产家庭。21 岁那年,庞兹花掉了自己的所有积蓄,购买了一张开往美国波士顿的船票。他怀揣仅剩的 2.5 美元,决心在自由的北美大陆上,打造出一片属于自己的天地。

然而抵达美国的他生活简单无比,只致力于两件事:行骗和坐牢。几周之后发生了一件偶然的事,让庞兹的名字永载史册。

那是一个再普通不过的早晨,庞兹像往常一样打开邮箱。他看到一封来自西班牙某公司的信函,随信有一张"国际回邮券"(International Reply Coupon,以下简称 IRC),贴上它就可以将信件寄往国外,而不必另行支付邮费。IRC 的作用相当于国际邮票。

庞兹立即嗅出了商机。IRC 可以在一个国家购买,在另一个国家使用。如果两国的邮费不等,那其中就存在套利空间。一战过后,许多欧洲国家陷入恶性通胀,货币大幅贬值。像意大利这些国家,如果把邮费折算成美元计价,要比美国国内便宜得多。

庞兹估算了一下,从意大利购买 IRC 寄回美国,然后在美国换成等值的邮票再卖出,除去各项成本后,套利利润竟高达 400%!所谓"套利",就是我们常说的"投机倒把":低买高卖,利用价差获利。这在当时是完全合法的行为。

然而这桩生意远非想象中那般容易。IRC 的流动性非常差,庞兹很难找到买家变现。很快,他的资金链就出现了问题。他告诉波士顿借钱给他的那些朋友:"请你们再宽限一些时间。90 天之内,我定会让你们的投资回报翻番!IRC 邮票套利是包赚不赔的生意。"

庞兹的确挺守信用。不少债权人如期拿回了本金和利息。有人投入 1250 美元,加利息拿回 2000 美元,仅 90 天的收益率就高达 60%!

不久,庞兹成立了"证券交易公司"。消息很快传开,人们都知道庞兹正在做一份赚大钱的买卖,于是给他投钱的人越来越多。而庞兹也相当守信,债务到期后,利息承诺给多少就给多少,绝不食言。

1920 年 2 月,庞兹名下的资金仅有 5000 美元(相当于 2008 年的 54000 美元);到了 3 月,资金总额便猛增至 3 万美元(相当于 2008 年的 32.8 万美元)!

狂热开始了。庞兹的名字传遍了街头巷尾,全国各地的投资者纷至沓来,几乎要挤爆他家门槛。早期投资者如数拿回了本金和高到令人难以置信的利息,令后续的投资者更加放心,趋之若鹜。到了 1920 年 5 月,庞兹所管理的资金超过 42 万美元(约合 2008 年的 459 万美元)。

庞兹把钱存进波士顿的"汉诺瓦信托"小银行(Hanover Trust Bank of Boston)。之所以选择这样一家小银行,是因为他希望能够对其实施控制,有朝一日若是遇上麻烦,这家银行作为"自己人"可以随时救急。在存下 300 万美元的巨款后,他成为该行行长,终于成功掌控了银行。

到了 1920 年 7 月,庞兹又吸纳了几百万美元。人们争先恐后地将毕生积蓄,甚至把房产抵押出去换取现金,交给庞兹打理。多数人已经舍不得把钱取出来,而是继续留在庞兹的银行用于"再投资"。

庞兹支撑不下去了,他的"投资秘籍"不过是把张三的钱转移支付给李四。虽然他号称自己拥有 700 万美元流动资金,但实际上他至少身负 200 万美元负债,若把利息一并算上,他的总负债已高达 450 万美元。

马萨诸塞州银行委员会委员长阿兰(Joseph Allen)早就怀疑庞兹在要诈,但更令他忐忑不安的是,一旦投资者大量提款,那么风险就可能传导给整个波士顿银行体系。这是绝对不能容忍的。

因为阿兰发现,庞兹的大批客户要求 25 万美元的提款。阿兰立即吩咐两名金融监察官,密切关注银行的动向。1920 年 8 月 9 日,监察官报告许多投资者已经开始从庞兹的主账户提现,若不加以阻止则必定透支。阿兰当机立断命令汉诺瓦信托银行冻结庞兹的主账户,阻止庞兹的客户继续提款。

与此同时,马萨诸塞州检察院也发布通告,证实庞兹所谓"大规模的回邮券交易"纯属子虚乌有。州政府官员把所有受害者召集到市政厅,登记他们的姓名、投资金额,并如实告知被骗过程和详尽的审计报告,揭示庞兹的公司实际上有 700 万美元净负债。而他旗下尚未提款的投资者,平均每人损失超过 70% 的本金。

1920 年 8 月 11 日,对庞兹来说,一切都结束了。上午,《波士顿邮报》在头版发表文章,揭了他这 13 年来的"老底"——曾在臭名昭著的扎罗西银行供职、支票造假、协助非法移民入境;下午,阿兰控制了庞兹的老窝汉诺瓦银行,夺走了他最后一根救命稻草。此外,还有 5 家地方银行因这起事件而破产。

1920 年 8 月 12 日,庞兹正式被联邦调查局批捕,不过由于当时美国《证券法》尚未出台,他的罪名仅仅是"邮件欺诈",被判了 5 年;三年半后,庞兹因表现良好被提前释放。但几乎刚踏出监狱大门,他就又被马萨诸塞州政府以 22 起盗窃罪名起诉。当时的庞兹已身无分文,连请律师的钱也出不起了,于是又被"请"回了监狱,再判 7 年。

1949 年,庞兹死在意大利一所慈善医院,弥留之际他告诉身边唯一一个会说英语的朋友:"即使他们的钱全被骗光,这代价也不算什么。要知道,我的初衷绝无恶意。我只是想让这个国家的人民看看我的表演是多么成功,这是自朝圣者登陆北美大陆以来前所未见的成功。当时只要再给我 1500 万美元,我就一定可以让这场戏有个好的收场。"

"世纪之骗"麦道夫

以上就是著名的"庞氏骗局",亦称"金字塔骗局"。翻开历史看看,几千年来,骗子犹如走马灯,大有"野火烧不尽,春风吹又生"的架势。而绝大多数骗子的骗术都很低劣,但总是有人上当受骗。看来不能怪骗子,只能怪受骗人自己太傻。因为贪婪和盲从这两种人类本性,时常占据着上风而无法受到控制。其实,这也和最简单的"供求关系"有关。人有听神话的需求,骗子就造一个神话来满足这些人的需求，正所谓"一个愿打，一个愿挨"。

前纳斯达克主席伯尼·麦道夫（Bernard Madoff），在华尔街可说是德高望重的大人物。年逾70的麦道夫有着白璧无瑕的证券从业记录，且经常慈善捐款。若不是碰上2008年百年不遇的金融危机，人们无论如何也不会把他和庞兹联系起来。而之前，把自己的钱交给这位老者来打理，任谁都找不到担心的理由。

人们非但不担心麦道夫的诚信，还都以加入麦道夫的基金为荣。想成为麦道夫的客户，有点类似于加入门槛很高的俱乐部，光有钱而无人介绍是没有资格进入的。在很多人看来，把钱投给麦道夫已经成为身份的象征。就算加入之后也无人知道他的投资策略究竟是什么，麦道夫从不解释。如果你问得太多，他就把你一脚踢出局。

事发前，麦道夫从未令投资者失望过。他们交给麦道夫的资金，每月均能取得超过1%的固定回报，而且无论经济形势如何都"旱涝保收"。这是令人难以置信的回报率。然而事实上，麦道夫并没有创造财富，只是创造了别人对他拥有财富的印象。投资人并不知道，他们可观的回报来自自己和其他顾客的本金——只要没人要求拿回本金，秘密就不会被拆穿。

这场"麦氏骗局"始于20世纪90年代，其历时之长、规模之大，在美国200多年的证券史上无出其右。即使在席卷全球的金融灾难面前，麦氏基金的收益率也能独善其身、毫发无伤。所以，要说完全没人质疑也是不可能的。

1999年，一位叫马可波罗斯（Harry Markopolos）的金融分析师就给美国证监会写了投诉信，称："无论从合理性还是数学的角度来看，长期取得麦道夫那样的回报率都是不可思议的。麦道夫投资基金很可能在经营一个全球最大的庞氏骗局。"

但遗憾的是，证监会并未深入调查，此事不久便石沉大海。在网络股泡沫与房地产泡沫时期，投资者甚至都"懒得怀疑"麦道夫究竟是天才还是骗子，只要能取得高回报就行。对此，人们对监管机构的职能也略可见一斑了。

麦道夫骗局在证监会的眼皮子底下竟然经营了 20 年，受害者不计其数。其中最大的输家并非个人投资者，而是经验相对丰富的投资机构与对冲基金：

Fairfield Greenwich 集团损失 75 亿美元；万通金融集团旗下的对冲基金 Tremont 公司损失 33 亿美元；桑坦德银行（Santander）损失 28.7 亿美元；奥地利银行（Bank Medici AG）损失 21 亿美元……

东窗事发前，麦道夫是众人景仰的"投资天才"，然而稳定收益的秘密只有他自己清楚。这一秘密麦道夫保守了近 20 年，据说对他的妻子和儿子都守口如瓶。随着 2008 年金融危机爆发，越来越多的客户要求提款，当有客户提出赎回 70 亿美元现金时，麦道夫知道：他的末日到了。

不堪压力的麦道夫首先把真相告诉了自己的两个儿子："孩子们，今晚我向你们坦白。我欺骗了你们，欺骗了所有人。我其实一无所有。一切都只是个巨大的谎言。"万分惊愕的儿子们当晚就向警方告发了父亲。2008 年 12 月 12 日，麦道夫被逮捕，并坦承 11 项罪名，认罪后被收押。

2009 年 6 月 29 日，麦道夫被判处 150 年监禁。押解当天，愤怒的受害人指着他的鼻子骂："但愿监狱成为你的棺材。"而他的大儿子马克·麦道夫，两年后被发现在纽约家中用狗链上吊自杀……

对冲基金经理的赚钱秘诀

2010 年年末，由于玩"庞氏骗局"搞金融诈骗而被判监 150 年的前纳斯达克交易所主席麦道夫之子马克，于父亲被捕两周年之际，在曼哈顿的住宅内上吊身亡，终年 46 岁。

这一消息令人唏嘘不已，父债子偿，不能不说是悲剧中的悲剧。麦道夫 20 多年来诈骗了投资人 648 亿美元的钱财，受骗者包括全球知名银行和历经风浪的各路精英。

中国有一句老话：不是不报，时辰未到。麦道夫的另一个儿子也在 2014 年因癌症去世。诈骗案罪人麦道夫遭到了现世报，白发人反送黑发人，不知他在狱中做何感想。"庞氏骗局"真是害人害己啊。

德国哲学家黑格尔曾说过："人性千年不变，并且从不吸取教训。"

在麦道夫之后，大大小小的"庞氏骗局"在美国、加拿大和欧洲不断曝光，其中好几个骗子还是中国人。虽然太阳底下早就没有新鲜事，但"庞氏骗局"却一次又一次地发生。人的内心深处渴望天上掉馅饼，不花大力气就能赚大钱。骗子们正是利用了这永恒不变的人性弱点成功地故伎重演。那些不愿对外公开具体投资策略，其收益率又远高于市场的对冲基金，是不是值得世人警醒呢？

例如华尔街的詹姆斯·西蒙斯对冲基金经理，被誉为"全世界最杰出的数学家、美国著名投资家和慈善家"。他所拥有的文艺复兴公司（Renaissance Technologies Corp）近年来被媒体广为宣传报道。以下是一些和西蒙斯有关的数字：

"1988 年以来，西蒙斯掌管的大奖章（Medallion）对冲基金年均回报率高达34%，相较于索罗斯等投资大师同期的年均回报率要高出 10 个百分点，较同期标准普尔 500 指数的年均回报率则高出 20 多个百分点；从 2002 年年底至 2005 年年底，规模为 50 亿美元的大奖章基金已经为投资者支付了 60 多亿美元的回报。即使在 2007 年次债危机爆发当年，该基金回报都高达 85%。"

西蒙斯也因此被誉为"最赚钱的基金经理,最聪明的亿万富翁"。不过,他究竟是如何赚钱的?所有人都一概不知。人们只晓得西蒙斯是位杰出的数学家,曾经和华裔科学家陈省身共同创立了著名的 Chern-Simons 定律,也曾经获得过全美数学界的最高荣誉。据说他的赚钱秘诀,就是运用数学建模的方法捕捉金融市场稍纵即逝的短线交易机会。

这话听起来非常耳熟,不是吗?庞兹也曾经告诉民众:"IRC 邮票套利是包赚不赔的生意。"全美顶尖的数学家不计其数,为何单单西蒙斯能运用数学手段创造出连巴菲特都自叹不如的利润,而且还旱涝保收?数学,难道真的能预测人的行为吗?

对冲基金行业一直拥有"黑箱作业"式的投资模式,可以不必向投资者披露交易细节。"我们信任他,相信他能够在股市的惊涛骇浪中游刃有余,因此也就不再去想电脑都会干些什么之类的问题",一位大奖章基金的长期投资者说。当这位投资者开始描述西蒙斯的投资方法时,他坦承,自己完全是猜测的。

不过,每当有人暗示西蒙斯的基金缺乏透明度时,他总是会无可奈何地耸耸肩,"其实所有人都有一个黑箱,我们把他称为大脑"。西蒙斯指出,公司的投资方法并不神秘,很多时候都是可以通过特定的方式来解决的。当然,他不得不补充说,"对我们来说,这其实不太神秘"。

谁知道呢?或许某一天,世界会再次爆出一场更大规模的庞氏骗局,而众人昔日仰慕的天才,一夜之间便为千夫所指。

华人巴菲特 or 华人麦道夫?

无独有偶。继纽约的麦道夫之后,在多伦多也冒出一位自称"华人巴菲特"的投资顾问唐炜臻。唐炜臻于 2009 年被安省证券委员会控告诈骗及非法从事证券交易等 12 项罪名,款项高达 6000 万元加币。2013 年年初,主审法官最后裁定唐炜臻 6 年刑期,罚款 280 万元加币。

在诈骗罪行暴露之前,唐氏把他多年的投资心得写成了一本书,书名叫《我的巴菲特之路》,俨然以"华人巴菲特"自居。他自称能确保投资每周至少回报 1%,2007 年投资回报定会高达 90% 以上! 这样的投资回报率,从长线来看,不要说大市和普通基金达不到,当年的四大对冲基金也无法实现,就连巴菲特都难以望其项背。

而且,一人富不算富,唐氏想做活雷锋,要带领大家一起走向致富的康庄大道。于是,2007 年唐氏成立了一家投资公司,在多伦多的华人媒体大幅刊登广告,宣传该公司的业务,其资金主要投资美国的股票市场。

尽管这位"活雷锋"收费不低,在他的公司开户,门槛起码 100 万美元,并收 2% 的管理费,高达 2 万美元! 但在引人注目的宣传口号"每周至少回报 1%"的诱惑下,确实有人把钱送上门请他生财。接下去的几个月,每天都能听到唐氏公司迅速成长的消息:由他管理的基金规模即将突破上亿美元,客户遍布美国、加拿大,中国香港、中国台湾,甚至中国大陆等地区……

不久,美国的金融海啸蔓延到了加拿大,特别是自麦道夫东窗事发后,大家警觉起来。麦道夫以每个月 1% 的回报,就已经被人供奉为神;我们这位"唐菲特"每周就有 1%,多伦多竟有这般人物,比麦道夫还牛! 那么他会不会也是……

为了消除大家的狐疑,唐氏逆流而上。2009 年大年初一,他一连五天邀请投资者到他的公司,希望通过公开交易操作,辟除造假谣言。最有意思的是,参观的门票为 1 万美元一张! 门票虽贵得离谱,可还真有不少人参加。不过,5 天的交易结果并没有预期的一周 1% 那么高。

据媒体透露,唐氏的办公室设备简单,只有一台电脑操盘,一部电视监察各种指数的最新变化。短短 2 小时,老唐便完成多达 23 笔交易,平均 5 分钟交易一次。这样看来,他的投资操作法与巴菲特的投资法简直大相径庭。他声称,从来不需看所持有股票公司的财务报表,只看图形做短线操作,这不就是 Power Trading,俗称 Day Trading——当日交易嘛。

众所周知,巴菲特是长线投资的佼佼者,40 多年来保持平均每年 20% 左右的回报率,因此才被奉为“股神”。不过巴菲特的投资方式无法复制。那么,像唐氏这类短线投资者,是否能长期取得 20% 以上的回报呢?

曾有人询问唐氏是怎样监控投资风险的。他信誓旦旦地说:“我的投资方式是最保险的。因为我只用全部资金的 1% 入市操作。”如果真是那样的话,全部资金每周 1% 的回报率,将全部来自 1% 的资金。

我们不妨来举个例子,注意,为简单起见,这个例子里不考虑复利回报的因素。假设你有 1 万元,想要每个月上涨 1%,就需要每个月赚进 100 元。那么拿 1 万的 1%,即 100 元来操作的话,必须每个月赚进 100 元才能达到目标。也就是说,那 1% 的钱每月都要翻一番才行!这真是匪夷所思!

不过,拿唐氏和近几年国内的几位“股神”相比,他可真是小巫见大巫了。据说国内有一位“投资者”,以区区 8000 元人民币起家,投资股市没有几年,便坐拥 20 个亿!简直是天方夜谭。

中国的庞氏骗局

如今,美国人把庞氏当作这种邪门手法的祖师爷。而事实上,当美国还是蛮荒之地的时候,我们的老祖宗就已使用这种手法来聚集资金。在浙江,就有做"银会"的习俗,在民间曾十分盛行。

在金融业不发达的时候,"银会"是一种调节民间资金的有效方法,它既能使人们储蓄闲钱、赚取利息,又容许参与者在急需用钱时通过支付利息取得大笔的金钱。但这种完全不受法律约束的金融合作,有时会被别有用心者所利用。比如"银会"的组织者"会头",可以很容易地凭借身份之便,私下参加好多个份额,连续几期高价抢标,最后卷款走人。

而作为外围的会员,看到标价高,利润可观,当然欣喜若狂,等发现"会头"人间蒸发才如梦初醒,懊恼原来中了圈套。这种先诱以厚利再吸引人们掏钱的手法,与庞氏骗局真是异曲同工。中国媒体几年前就报道过,温州有一个文盲老太太,竟然将她的"银会"做到金额高达人民币1亿元以上。

典型的金字塔骗局,在中国台湾被称作"老鼠会"。曾有一家投资集团,是中国台湾第一家以异常高利的老鼠会形式吸收民间游资的公司。当时该公司推出4分至6分的高利,立刻吸引了大众的加入。传媒报道该公司经常举办所谓的"团结大会",场面像宗教仪式般宏大。到会者人手一支蜡烛,将会主团团围住,好似围绕着基督一样,十分夸张。

讲一个我身边亲戚的故事。

我的老家在浙江温州,尽管我对"做生意"没兴趣,可每次温州的亲友来电都

"三句不离本行",非得谈及他们的"生意经"。他们有一次来电,似乎个个都兴高采烈的,说现在的资金又有好去处了,回报更高,而且轻轻松松,还劝我"参股"。我知道,在他们看来,不管白猫黑猫,赚到钱就是好猫,只要能赚钱,就是干正事。他们还反复提到我一位堂兄,他白手起家,从打工仔做起,勤勤恳恳。原来堂兄开始经营一家运输公司,生意最好时有五六辆货运大卡车跑运输,每年赚个百八十万不成问题。但是后来堂兄的运输生意越来越难做,可见靠勤奋是没用的。

堂兄也曾来电告诉我,他的运输生意的确越来越难做,他思前想后,狠狠心把卡车卖了,关了公司。他周围好些朋友把工厂或其他生意关闭后,都把资金借给还在做企业的亲朋好友。因为银行对民营企业惜贷,而许多民营企业又极其缺乏资金,无奈之下只能向私人借贷,一般月息是 2 到 6 分,有的甚至高达 1 角 5 分,年利率达 180%。堂兄高兴地表示,像他那样跑运输的小生意不做不赔,越做越赔,索性把钱放贷给朋友了,100 万元一个月利息给 5 万元,比他自己做生意钱来得快太多了,还舒服,简直是坐在家里数钱。而且因为是老朋友加好朋友,他贷给朋友的还算是"优惠"利率呢。

我一听疑惑了,利息一个月 5%,即便不算复利,每年都高达 60%,这岂不是高利贷吗?他"投资"的那个企业能赚到这么高的利润吗?据我所知,国内一般中小企业的实业毛利不会超过 10%,一般在 3%~5%,他朋友哪来的钱还利息和本金呢?

堂兄对我的疑问不以为然,他说他只管收利息,他朋友有工厂有房产,许多人都借钱给他,不怕的。

听到这儿,"庞氏骗局"一词立刻从我脑海里冒了出来。我马上把庞氏骗局的故事讲给他听,包括华尔街鼎鼎有名的麦道夫,是如何骗取投资人钱财的。而且还特别强调,麦道夫支付给投资者的回报率,每年只不过11%而已。

堂兄听了故事之后说:我那朋友的资产有好几个亿,又有房产,又有工厂,他还能跑了不成?跑得了和尚也跑不了庙呀。而且,还有其他老板担保他呢!

我给堂兄分析道,如果按照你朋友所给的利率,钱再多也没用,哪怕有再多的人借钱给他,这个游戏也玩不久,终有完结的一天。我接着又讲了一个皇帝和棋手下棋的故事:皇帝答应棋手,要是自己输的话,棋手可以得到任何酬赏。结果皇帝输了,棋手说,我要的赏金非常简单,就是在棋盘的第一个格子里放一粒米,第二格加倍放两粒,然后依次类推,每一格是前面那一格翻倍的米粒,只需放满棋盘即可。结果还没放满一半棋盘,皇家的粮仓就空了……

随即我让堂兄算一算,如果按照平均100%,即每年投一赚二的话,100万10年后连本带利,利上滚利是多少钱。他算了半天没算出来。我说,别算了,告诉你吧,这是一个天文数字!

堂兄不听劝,说周围的亲友都在放贷,生活过得滋润极了,凭什么不让我也舒服舒服,辛苦了这么多年!

既然堂兄这么说了,我也就不能多劝他了,只能祝他好远。但我心里很清楚,天下哪有免费的午餐,这场游戏长不了!

果不其然,后来不断听说温州地区借高利贷的企业家无奈之下“跑路”的消息,我不禁担心起在温州的堂兄。就像墨菲定律:越怕什么,就越来什么。没过多久,堂兄突然来电,开口就说我是乌鸦嘴,因为他的朋友已人间蒸发,不知去向,看来他正追讨债务无门,不知如何是好了。

其实如今中国民间企业资金短缺的现象,一部分原因要归结于2008年发生的金融海啸。当时中国经济过热,中国政府原本正准备给过热的经济降温,结果由于美国发生了金融海啸,再加上美、欧诸国迫使人民币升值,直接影响到中国的出口业,中国政府不得不以 4 万亿元救市,结果直接导致了房地产价格越炒越高,而急需资金的中小企业反倒得不到救助资金,纷纷转向民间去融资。可观的利息是广大放贷者趋之若鹜的根本原因,温州的民间资本才滚雪球般越滚越大。据统计,当时温州大约有 8000 亿元到 1 万亿元的民间资本,恰恰是这些民间资本,致使温州老板们犹如骨牌效应般,一个接一个人间蒸发。

高利借贷,迫使那些温州中小企业,甚至民营大企业都因债务之重而倒闭。也就是钱没有到该到的地方,这点和美国宽松货币政策在执行中变味的情况很类似。美国原本也是希望中小企业能扩大投资,增加就业,但是钱被华尔街截流,资本逐利使绝大多数资金都流向了"不该去"的地方,在这一点上,中国和美国正在生相同的病。

而对于个人来说,天下绝对没有免费的午餐,在这个世界上,发财只能靠奋斗,意外之财是没有的,鲜花背后多半是陷阱。

麦道夫的神话持续了 20 多年,他将在监狱了此残生。

林园的神话也延续了好几年,他著书立说,在国内火了几年,最终还是偃旗息鼓。唐氏的神话,寿命和他们一比就太短了。唐氏通过多伦多华文网站发表《告全体投资人书》,承认在投资过程中没有靠常规的积累方式、靠脚踏实地的爬坡方式去构筑平台,而是采取了巧取豪夺的方式,暗箱操作,在几乎达到既定目标时,被突然的大额挤兑所揭穿,计划夭折,从而陷入目前的绝境。

唐氏在承认投资失败的同时,说他绝不是"华人麦道夫",也没有将投资人的钱占为己有。他说有能力和信心偿还客户全部的投资及所承诺的盈利,请求客户再给他一次机会。可现在还有人信他吗?

美国人的老话说得好：There's no free lunch. If it's too good to be true，it's not true at all(天下没有免费的午餐)。中国的老祖宗也早就说，"信言不美,美言不信"，如果事情听起来美好得不像是真的,那就绝不是真的。

16

有史以来最大的庞氏骗局

在泡沫破灭之前，我们听到的都是赚钱发财买房的故事，故事多得就如因没钱买房而失去的爱情一样。根据地心引力，是泡沫要么就继续涨，要么就突然跌，因为人性的胆怯和恐惧，是没有什么所谓的软着陆的。

"地狱空荡荡，魔鬼在人间。"

——莎士比亚

当代郁金香正在怒放

前面谈了庞氏骗局的方方面面,其实还有一个庞氏骗局正在上演着。这个骗局是有史以来最大的,而且还和我们中国有直接的关系。

近两年来,如果要问什么投资回报最高,那肯定是比特币。

比特币价格从 0 到 1000 美元,用了 1789 天;

从 1000 美元到 2000 美元,用了 1271 天;

从 6000 美元到 7000 美元,用了 13 天;

从 7000 美元到 8000 美元,用了 14 天;

从 8000 美元到 9000 美元,用了 9 天;

从 9000 美元到 10000 美元,用了 2 天;

从 11000 美元到 12000 美元,用了 6 天;

从 12000 美元到 13000 美元,用了 17 小时;

从 13000 美元到 14000 美元,用了 4 小时;

从 14000 美元到 15000 美元,用了 10 小时;

从 15000 美元到 16000 美元,用了 5 小时;

从 16000 美元到 17000 美元,用了 2 小时;

从 17000 美元到 18000 美元,用了 10 分钟;

从 18000 美元到 19000 美元,用了 3 分钟;

……

事实上,比特币涨得有多高、涨得有多快早已不是新闻。比特币自诞生起价格就很少"缓慢上升",一直都是不涨则已,一涨惊人。

虽然越来越多的国家已经开始对比特币炒作进行打压,但这似乎丝毫不影响它的疯狂。

然而,泡沫没破灭不等于没泡沫! 比如中国楼市,你敢说几万元一平方米的房价没泡沫吗?

比特币,因其匿名、完全去中心化等"优点",被精美包装之后进入了金融市场,一时间引来全球无数信徒,"当代郁金香"怒放。

比特币在发明时,是期望能取代法定货币,可当它进入市场之后,却恰恰和原始初衷背道而驰! 现在凡投比特币的,除了非法之用,往往都奢望它能不断地升值,或指望着不断地低进高出炒作牟利。现在比特币连货币的作用都起不到,还怎么可能取代法定货币呢?

由此可见,比特币并不是真正的货币,也非真正的商品,只不过被伪装成货币和商品罢了。不过,比特币的支持者大多以为,比特币开始成为法定货币的信号已经越来越明显。但那是根本不可能的,道理非常简单,因为在这个星球上,比特币还尚未被任何一个国家接受为法定货币。

"去中心化"意味着国家放弃现有权力,由市场自我纠错,但目前来看,无论是现实还是理论,条件都不成熟。中国银行前首席经济学家曹远征也认为,比特币是一种超主权货币,而超主权货币没有匹配的货币政策。

中国早在 2013 年 12 月下发的《关于防范比特币风险的通知》中提出,比特币是一种特定的虚拟商品,不具有与货币等同的法律地位,不能且不应作为货币在市场上流通使用。比特币交易作为一种互联网上的商品买卖行为,普通民众在自担风险的前提下,拥有参与的自由。

美国将比特币列为大宗商品,这就更加说明比特币成不了货币,比特币的原始初衷破灭! 而大宗商品向来是华尔街的投机类金融产品,并非投资品。也就是说,以最精美的包装而成的比特币,进入金融市场就好似庞氏骗局,本质上就是玩散户,散户进入比特币市场就是去送钱的!

2014 年可谓比特币的疯狂之年。1 月,比特币的价格超过 900 美元,年底时险些跌破 300 美元! 期间,并非断崖式一路下滑,而是进两步退三步,起伏式地阴跌着。这种温水煮青蛙式的阴跌具有隐蔽性,庄家利用不断放出的各种所谓的利好消息,不断地忽悠接棒者! 如此反复上下了无数次,便吞噬了多少人的财富!

2017 年的这一轮比特币的价格上下涨跌,显然又是上次人为疯狂炒作的情景再现,而这次更增添了传销的色彩。

随着价格不断飙涨,比特币好似古董一般,只有收藏价值,没有流通价值。这倒显示了比特币庞氏骗局的特点——后面进入的投资者,给前面的人去送钱了。当 1600 万的"流通硬币",其中 40％被 950 个人拥有,80％被美国人拥有时,便可断定这完全是一个显浅的、不流通的封闭市场。投资者应该知道自己参与了多么狭窄,并被人操纵的交易市场。事实已经反复证明了,进入了金融市场(如那些平台)

的比特币，是一个包装精良、非常典型的金融骗局。

美国财经作家杰弗瑞·罗宾逊（Jeffrey Robinson）花了两年时间，对比特币市场进行研究，他提出了类似的观点。他认为不同于犯重罪的银行家，依据比特币的技术和货币形式，其骗局并不是恶意设计的。但是，当一切发生的时候，便成为欺骗无辜的、数以百万计的比特币追随者的骗局。而且，比特币终将变得一文不值！

此外，进入金融市场的比特币并不是投资品，而是老虎机，或者更准确地说是一个轮盘转，其平台从本质上来说就是一个赌场：大部分的投资都是给庄家送钱去的，这是一个非常典型的金融骗局！

比特币的三个悖论

比特币价格能不能涨到天上去？显然不能！即便不考虑政府政策等风险，就单从纯货币学原理角度分析，其内在的悖论也决定了它存在巨大的价格风险。

比特币价格飙涨，已触发了本质性悖论：消灭自己的货币属性，从而否定自己的生存价值。

要知道，比特币存在的根本价值是因为它具有货币属性，即交易支付的功能，正是这种货币属性引发了大家的狂热购买。但随着价格越飙越高，人们纷纷囤积，而不用于交易支付，比特币便逐渐失去了交易支付功能。

现在很多企业为了营销或追逐时尚，纷纷声称接受比特币支付，但具体交易其实很难完成。比特币按照什么价格来支付？由于价格动荡不定，这个问题根本无法解决。货币属性一旦消灭，比特币将一钱不值。

比特币的第二个悖论，是其虽然没有通胀之苦，但如果真能大行于天下，必有通缩之苦。比特迷们认为,政府无限制地发行货币引发通胀,以铸币税剥削人民,而比特币总量有限,不能超发,因此无此弊端。说得很对,但这是因噎废食!从总量有限角度来说,比特币很像数字化的黄金。黄金储量也有限,货币曾与黄金挂钩100年,到第一次世界大战之前,生产力迅速上升,商业迅速扩张,但黄金却不能大幅增加,这个缺口成为后来金本位制崩溃的导火线。

发行数量的上限将严重束缚比特币的货币功能,这也使其无法在当代社会经济当中成为真正的主流货币,只能是个边缘角色。金本位制会崩溃,那么比特币一样会崩溃。

另外,这种虚拟货币号称去中心化,是长处,也恰恰是弱点。缺少发行主体,也就缺少了责任主体,法定货币一旦由于发行产生不良后果,由政府来承担责任,这一点虚拟货币做不到。事实上,这些虚拟货币只有在有人愿意接手时才有价值,一旦击鼓传花的游戏断了鼓点,最后砸在手里的只是一堆空气。

比特币的第三个悖论,是名为"限量",实则无法限量。"限量"赋予比特币生命,但很多模仿者正在产生。据媒体报道,目前全球已有莱特币、坐标币(gridcoin)、萤火虫币(fireflycoin)、宙斯币(zeuscoin),甚至狗币、猪币等1500多种"仿比特币"。不难想象,各种仿比特币发行量大致稳定以后,相互之间的比价(汇率)初期虽将十分混乱,但此后套利者会将差价抹平。届时它们本质上变成了同一种货币,只是名字不同而已。从这个角度来说,比特币没有真正的数量上限,总发行数量的限制不构成它值得珍藏的核心理由。

货币非国家化,是自由主义经济思想家们一个古老的梦想。但只要人类生活的核心组织者还是政府,这个梦想就很难落地生根。在看得见的将来,私人货币只能是边缘性和娱乐性的。

不过，比特币的存在从技术角度上来说还是有正面意义的，如它的技术如果普及的话，可以提升交易效率。总之，比特币显然已经是一个金融领域的话题，跟炒房、炒股一样，"你有多少比特币？是继续持有还是卖掉？"这样的问题成为投机者的标准心理对话。

在泡沫破灭之前，我们听到的都是赚钱发财买房的故事，故事多得就如因没钱买房而失去的爱情一样。根据地心引力，是泡沫要么就继续涨，要么就突然跌，因为人性的胆怯和恐惧，是没有什么所谓的软着陆的。

莎士比亚说的对啊——地狱空了，所有魔鬼都在这儿了！

比特币是一种"奇幻投资"

事实上，比特币的情况已经非常清楚了：价格越涨，越多的人长期屯币，使得流动筹码越来越少，就离开其原始初衷——交易媒介的功能越远，结果，它的泡沫就将越大。目前，比特币显然已经陷入了这个怪圈。到最后，比特币很可能像古董一般，只有收藏价值，没有流通价值，和所谓的货币功能毫无关系！但一旦失去了货币功能，比特币还有什么用呢？所以我一直提醒大家，最后毁了比特币的不是别人，恰恰那些忠实的比特币粉丝们！

但在狂热的信仰者们看来，比特币正诠释着哈耶克"自由货币"的梦想。或许它真能寄托一部分哈耶克的梦想，但至少要等到泡沫破灭之后。

比特币诞生于 2009 年，目前许多机构声称接受比特币用来结账支付。在货币领域，公信力为王。比特币显然已经赢得了一定的公信力，靠的是人们对技术的膜拜、对互联网精神的共鸣、对自由主义的信仰、对政府权威的反感。这种公信力正是比特币存在的基础,但目前比特币价格狂飙,显然形成了巨大的泡沫。恰恰是投机者们把比特币从交易媒介的轨道上拉开,进入了囤积待涨的轨道。

比特币离真实交易媒介功能越远,它的泡沫就将越大。特别是在比特币进入中国后,被一群投机者追捧,已然形成了一场击鼓传花式的游戏。

二三十年前,人们把股票、债券这些经典投资对象之外的房地产、私人股权、对冲基金、大宗商品、艺术品等统称为"另类投资",如今,不论在中国还是在外国,这些品种都已经稀松平常,一点儿也不显得"另类"了。那么,比特币会不会是今天的"另类投资",在未来将变成一项十分普通的投资呢?这是不可能的!因为房地产、私人股权等当初之所以被称为另类投资,是因为其产品不够标准化,流动性差,估值难度比较大,但它们都是有内在价值的。而比特币、月球上的地块等零价值的东西与它们完全不同,倒不如称之为"奇幻投资"更合适一些。

人们对奇幻物的追捧由来已久,且植根于人性之中。《非同寻常的大众幻想与群众性癫狂》一书就揭示了历史上许许多多种不可思议的群众性癫狂,有圣物崇拜、先知预言、炼金术、催眠术、凶宅传言等,许多空穴来风的东西,人们可以为之癫狂几十年甚至数百年。最近一次最成功制造奇幻物的是一个美国人,从1980年他发明出售月球土地生意后,这一生意竟然流行了几十年,时至今日,月球土地仍然时有成交。

当然,不是所有的奇幻物都能让人们掏出真金白银去交易它,足够奇幻且与当时社会历史环境相契合、让人产生某种"酷"的感觉的东西才可能成功。正因为追求"酷"是人类的一种基本特点,所以,只要能创造出理想的奇幻物,永远不愁找不到需求。奇幻物还有一个特点,就是生命力非常顽强,不太可能因为有人破财或倾家荡产而失去吸引力,而最终消失的原因往往也很简单,那就是社会环境发生了变化,追求它、拥有它或交易它不再"酷"了,或者是出现了一种更具时代特色、更酷的奇幻物。

欲使之灭亡,先使之疯狂

当然,"比特币"本身不是骗局,就像郁金香本身不是泡沫一样。只不过,比特币(以及所有没有政府背书的数字加密货币)和当年的郁金香一样,成了骗局的工具。

400多年来,一个又一个金融大泡沫在破灭之前,全部被各种美丽的包装装扮过,都说"这次不一样了"。但遗憾的是,每次的结局恰恰都一样——破灭!这次到了虚拟货币了,真可谓到达了极致。

进入2017年以来,随着以比特币为代表的加密数字货币的行情暴涨,作为新型数字加密货币主流的发行渠道,基于区块链的ICO(Initial Coin Offering,首次币发行)开始受到大家的关注。ICO最早是由比特币技术圈里研发出的一种科技项目众筹方式,一般由科技项目发起人发布白皮书推荐项目,然后在圈内募集比特币或者以太币,同时按照一定比例发放项目本身的代币(代表项目某些权利和使用价值),从而为项目发展提供必要的资金支持,所以早期也被称作"币众筹"。

但事实的发展却是,随着区块链技术的快速发展和普及,市场更多关注到了其代币炒作价值以及快速融资功能。在"错过了比特币,不能再错过ICO""一币一别墅"的欲望驱动下,借ICO发币圈钱的狂热极速蔓延,从小众的极客圈到泛科技圈人士,从国外到国内,从数字货币投资者到路人、大妈,一切都变味了。

2017年ICO的增长只能用"爆发式"来形容。相关数据显示,2014年全球

ICO 的融资规模尚不到 2600 万美元，2015 年更一度下滑至 1400 万美元。到了 2016 年下半年，ICO 全球融资总额跃升至 2 亿美元。在中国，2017 年 7 月 25 日国家互联网金融安全技术专家委员会发布了《2017 上半年国内 ICO 发展情况报告》，监测发现面向国内提供 ICO 服务的相关平台 43 家，完成 ICO 项目累计融资规模折合人民币总计 26.16 亿元，累计参加人次达 10.5 万。

这些数字似乎显得有些保守了，有统计称，国内参与 ICO 的人数已经达到 200 万人。另据各大 ICO 平台案例综合统计，2017 年 8 月 ICO 项目再度井喷，拟募集资金额度超 50 亿元。业内人士表示，如果不是一些项目暂停了 ICO，选择了私募方式融资，整个市场拟募集资金有望超 100 亿元。ICO 究竟疯狂到了什么程度？有币圈人士笑说："ICO 项目分为三类，第一类是币值翻 5 倍以上的，第二类是市值翻 10 倍以上的，还有一类是市值翻 100 倍以上的。"

上帝欲使之灭亡，必先使之疯狂。

2017 年 9 月 4 日，是 ICO 在国内存在的最后一天。当日下午 3 点，中国人民银行联合中央网信办、工业和信息化部、工商总局、银监会、证监会、保监会针对近日国内大量涌现的代币发行涉嫌从事非法金融活动，发布了《关于防范代币发行融资风险的公告》。

短短两三个月内，ICO 在中国的发展态势，活生生演尽"眼看它起朱楼，眼看它宴宾客，眼看它楼塌了"的一场悲欢离合。2017 年 4 月刚刚萌芽，六七月凯歌高奏遍地黄金，八九月局势骤转风雨飘摇，在多方口诛笔伐下轰然倒塌。

中国版的 ICO 神话已经破灭，但比特币的传奇仍在上演。

可以这样说，"区块链＋虚拟币＋ICO"将很可能是一个融合了人类历史上各种经典金融骗局的、最为华丽壮观的终极骗局！因为，进入金融市场的比特币，拥有庞氏骗局的全部特征：它要求不断有信徒进入市场推升价格，而建立在未来会有更多信徒加入的承诺上，都寄希望后来之人在高位接盘，而市场上比特币的价值与所有金字塔骗局的结局一样：零！

事实上，所有的虚拟货币，不管吹嘘他们技术多先进（事实上并不先进），数量多有限（事实上是无限的），他们的净资产价值都是零，他们的价格仅仅是由交易者决定的。虚拟的就是虚拟的，甚至还不如郁金香，郁金香至少还有实物，而虚拟货币什么都没有。一旦有一天泡沫破灭，一切虚拟货币都会回归它的价值，那就是零！

总之，比特币和区块链都是开源的，就像安卓一样，安卓也是开源的，于是在其基础上，可以开发出无数不同风格的操作系统，并不存在稀缺性。而用收藏品来形容也是不恰当的，因为，收藏品是实物，其中有历史、有文化，这绝对是虚拟币无法类比的。

最后要说的是，有史可鉴，就像当年在郁金香泡沫破灭之后的废墟上，现代金融成长了起来；这次，我认为，当"区块链＋虚拟币＋ICO"的骗局破灭之后的残垣断壁之上，货币数字化（必须政府背书）将成为大趋势。我们拭目以待吧。

17

别做击鼓传花的最后接手人

有些东西本身无法带来收益，其"价值"在于下一个买家愿意出多少钱来接手，如果你买入了，得祈祷下一个傻瓜早点出现。

博傻理论是指在资本市场上，由于人为炒作和投机，人们完全不管某个东西的真实价值而愿意花高价购买，是因为他们预期会有一个更大的笨蛋会花更高的价格从他们那儿把它买走。博傻理论告诉人们的最重要的一个道理是：在这个世界上，傻不可怕，可怕的是做最后一个傻子。

傻不可怕，可怕的是做最后一个傻子

自 2008 年金融危机以来，全球各国在一轮又一轮的救市政策中放出了天量的资金。通过华尔街所用的金融化手段(即证券化或期货)，尤其在全球对冲基金的推波助澜下，借助于一个又一个传奇故事，黄金、白银、石油以及全球各种大宗商品的价格被推向一个又一个新高，资产价格脱离了合理价位而出现泡沫。

很显然，天量资金通过杠杆，令金、银等贵金属产生了天量的泡沫。如，黄金价格从 2008 年第四季度末的 790 美元/盎司左右，上涨到 2011 年的 1923 美元/盎司，涨幅高达 243％。

然而，只要市场发生哪怕微妙的变化，如交易所的去杠杆化，市场就会立刻做出反应，认为资源类商品泡沫过大，像索罗斯那样敏感的金融大鳄就会做空。只要一点火星，便会导致资源类商品泡沫的破灭。

有史为鉴，是泡沫就终归要破。通常情况下，泡沫从哪儿被吹起，最终就该回落到哪儿，这是无法改变的现实。2013 年 4 月，这次 30 多年来最大的黄金跌幅瞬间抹去了全球贵金属储备 1 万亿美元的价值。没能及时逃过这一劫的投资者真是欲哭无泪。

巴菲特有句名言：在别人贪婪时，你要恐惧。意思很简单，一旦经过理性的分析，了解到哪些热点出现了泡沫，就千万别去凑热闹。大家都怕现金会贬值，但如果一不留神在高位买入"泡沫商品"，那就不是贬值的问题了。到那时，相信被"套牢了"的投资者应该明白，他解套的那天，其实就是下一个"傻瓜"接棒的那一天。

其实，名画、古玩和钻石、黄金一样，有保值方面的问题。曾经，美国一位著名画家的三幅现代抽象画，拍出了 100 万美元以上的高价，后来才透露出，其中有两幅画是他女儿四五岁时的涂鸦之作；还有一幅画则更离谱，竟是家里一条小狗的大作！

前几年被炒得沸沸扬扬的圆明园兽首拍卖事件也很夸张。一位收藏家披露说，10 多年前他曾经收藏过一个兽首，是在一个跳蚤市场花 2000 美元买来的。

2011 年以来，金丝楠行情突然爆发，成为最疯狂的木头。高峰时，一根金丝楠乌木从最初的几万元，炒到了几千万元的天价。但疯狂过后的行情，又让人措手不及。2014 年年底，金丝楠乌木突然大跌。从几千万元一根，一路跌至两三万元一吨，成了投机品泡沫破裂的又一个典型案例。

除了名画和古玩，像名表劳力士、名车劳斯莱斯、名包 LV 等，它们的卖价都远远超过其真实的价值。也就是说，那些东西的"价值"在于下一个买家愿意出多少钱来接手。如果有闲钱买来"亵玩"一下倒也无妨，但它们本身无法带来收益，所有的收益都取决于下一个买家。指望保值增值，那就和我们小时候玩过的击鼓传花一样，得祈祷下一个傻瓜出现了。

博傻理论（greater fool theory）是指在资本市场（如股票、证券、期货市场），由于人为炒作和投机,人们完全不管某个东西的真实价值而愿意花高价购买,是因为他们预期会有一个更大的笨蛋会花更高的价格从他们那儿把它买走。博傻理论告诉人们的最重要的一个道理是:在这个世界上,傻不可怕,可怕的是做最后一个傻子。

应投资公司,而不是股市

股市翻脸无情、跌宕起伏,往往使投资者猝不及防。在大跌之时,究竟是抛售还是趁低吸进?

投资大师彼得·林奇(Peter Lynch)的方法是:"只有通过长期持有股票基金,才能够给投资者带来收益。但是,这需要非常强的意志力。"

1987年美国股市大崩盘时,很多人由百万富翁沦为赤贫,甚至精神崩溃而自杀。当时彼得·林奇管理着100多亿美元的麦哲伦基金,一天之内基金资产净值损失了18%,亏损高达20亿美元。林奇和所有基金经理一样,只有一个选择:抛售股票。

一年多之后,林奇回忆起那一刻,仍然感到害怕:"我真的不能确定,到底是世界末日来临,还是我们即将陷入一场严重的经济大萧条,又或者是事情还没变得那么糟糕,仅仅是华尔街即将完蛋?"

林奇发现,在1987年10月华尔街股市暴跌1000点之前,没有任何一位投资专家或者经济学家预测到股市将会崩盘,当然也就没有一个人事前发出警告。既然我们无法预测股市,那么最好的办法就是不要预测股市。投资者投资的是公司,而不是股市。因此普通百姓入市之前,应该关注的是公司。不管股市暴跌还是暴涨,都是如此。

因此不做研究就投资,犹如玩扑克牌不看牌面,是盲目和必输无疑的。每一只股票背后都是一家公司,去了解这个公司在做什么。通常在几个月甚至几年内,公司业绩与股价无关。但长期而言,两者之间是几乎 100% 相关的。

关于投资的 50 个真相

在投资的问题上,知道如何不亏钱比知道如何赚钱更为重要。这就是金融风险管理的重要性所在。或许你是初窥投资门径的菜鸟,或许你是在市场沉浮多年的资深投资者,但无论如何你都应该看看下面关于投资的 50 个真相。

1. "在别人恐惧时贪婪",这句话总是说起来容易做起来难。

2. 一家伟大的公司和一次伟大的投资之间有着巨大的鸿沟。

3. 市场每年都会经历一个大调整,每 10 年都会经历一次超级大调整,你得习惯这个。

4. 在金融领域,对权威人士几乎没有什么问责,那些一直在犯错的人仍然能有很多拥趸。

5. 正如埃里克·法尔肯施泰因所说:"在专业网球比赛中,80% 的球都能过网,而在业余比赛中,80% 都过不了。这个道理在摔跤、象棋和投资领域里也一样适用。"

6. 从统计学上看,成千上万的理财经理中,总有一些人纯粹是靠运气好而成功的。具体是哪些人?我也不知道,但我猜他们中的有些人很有名。

7. 一些被我们称为"传奇"的投资者,他们职业生涯的回报很少能好于一只指数基金。在华尔街,财富多并不意味着回报高。

8. 在萧条、选举和美联储政策会议中,人们总是显出一副非常肯定的样子,虽然他们什么都不懂。

9. 你投资的时候越觉得舒服,你就可能死得越惨。

10. 告诉你一个节省时间的窍门:与其投资低价股票(pennystock)或者有杠杆的 ETF,还不如直接用火把钱点着。

11. 没有任何一个人能知道短期内市场会怎么变。

12. 分析师只和那些愿意听他讲的人谈论一些错误的事情,总是避开那些比他高明的人。

13. 你不会了解大银行的资产负债表,那些管理银行的人其实也不了解。

14. 在未来 50 年会有 7～10 次衰退,当它们来的时候没什么好慌的。

15. 30 年前,电视上每天有 1 个小时的市场报道节目时间,如今增加到了 18 个小时,但增加的不是更多的新闻,而是一堆胡言乱语。

16. 巴菲特最好的回报都是出现在市场竞争较小的时候,很怀疑是否有人能超越他 50 年来所保持的纪录。

17. 学校教的大多数投资理论都是胡说八道,教授里有钱的人极少。

18. 一个人在电视上出现得越频繁,他的预言实现的可能性就越小(加州大学伯克利分校的心理学家 Phil Tetlock 曾经做过统计)。

19. 同样的,不要相信每周上 CNBC(Consumer News and Business Channel,消费者新闻与商业频道)超过两次的人说的话。

20. 市场不会在乎你为股市投了多少钱,也不会在乎你认为多少价位合适。

21. 大多数市场消息不仅对你毫无用处,而且对你有害。

22. 专业投资者的信息比你优质,电脑比你更快。你在短线操作中永远无法战胜他们。千万别尝试。

23. 基金经理有再多经验对你来说也没有什么意义,你还是有可能终你一生都跑不赢大盘。

24. 对投资者来说,交易费用的下降是最糟糕的事情之一,因为这可能引发更频繁的交易。高交易费用可能会让人们三思而后行。

25. 专业投资是一个非常难成功的职业,但它的门槛很低,也不需要资质。这也造就了一批"专家",他们完全没弄明白自己在干些什么。人们常常忘了这一点,因为其他领域并不这样。

26. 所有的IPO都会让你受伤,因为那些比你拥有更多信息的人都希望尽快脱手。好好想想吧。

27. 如果有人和你提到图表、移动平均线、头肩顶、阻力位,赶紧躲开,躲得越远越好。

28. 根据Google搜索统计,"双底衰退"一词在2010年、2011年共被提到1080万次,但却从来没有发生。而2006年、2007年基本上没有人提到"金融崩溃",但它真的来了。

29. 20年期美国国债的真实利率是负值,但人们仍然花大把的钱去买。恐惧比数学强大得多。

30. 虽然《客户的游艇在哪里》一书于1940年就出版了,但大多数人还是没搞清楚,理财顾问并不会对你掏心掏肺。

31. 低成本的指数型基金是有史以来最有用的金融发明之一,虽然枯燥但真的很美妙。

32. 世界上最优秀的投资者首先是一个好的心理学家，其次才是金融专家。

33. 市场每天的绝大多数变动都充满了随机性，试图解释短期的变动就像是试图解释乐透彩票。

34. 对大多数人来说，寻找存钱的渠道远比寻找投资渠道重要得多。

35. 如果你一边欠着信用卡账单，一边想着要投资点什么，赶紧打住。你永远跑不赢每年 18% 的账单利息。

36. 大额的股份回购只是为了抵消发给管理层的奖金，但经理们却鼓吹回购是为了"将钱返还给股东"。

37. 一家知名公司可能会无力偿还贷款，因此会通过欺诈的手段来隐瞒会计信息，这种可能性是很高的。

38. 20 年后的标普 500 指数将和今天的完全不同，很多公司会被后起之秀代替。

39. 十几年前通用汽车是全球最大的公司，而苹果还在受尽嘲讽。在未来的 10 年，同样的故事还会上演，只是没人知道主角是谁。

40. 如果大家都专注于改善自己的财务状况而不是着迷于国会、美联储或者总统先生，世界将会变得更美好。

41. 对绝大多数人来说，房子只是一种由巨额债务伪装成的、看似安全的资产。

42. 美国总统对经济的影响远比很多人想象的小。

43. 无论你觉得自己退休后到底需要多少养老金，将它翻个倍，会更接近现实。

44. 下一次衰退永远不会和上一次一样。

45. 记住巴菲特曾这样描述进步："首先创新者来了，随后模仿者来了，最后傻子也来了。"

46. 记住马克·吐温曾这样描述真理:"真理还在穿鞋的时候,谎言已经走遍了半个世界。"

47. 记住惠特曼曾这样描述信息:"真正的变量从来不会超过三到四个,其他的都是噪音。"

48. 并购的规模越大,失败的概率就越大。CEO 们喜欢花冤枉钱来打造商业帝国。

49. 亏钱的投资远多于赚钱的投资,二者的比例至少是 10∶1。

50. 牙膏、食品、螺帽之类最无聊的公司往往是最好的长期投资对象,而最具创新性的公司恰恰相反。

菜鸟投资的 5 条基本法则

1. 复利会让你富有,但变富得花时间。

大多数人在退休前一二十年才开始未雨绸缪,实际上,尽早开始储蓄是很重要的。

巴菲特是挺了不起,可他像这样成为数一数二的巨富,是因为他 60 多年来都是了不起的投资者。他现在 600 亿美元的资产净值里,有 597 亿美元是在过了 50 岁生日以后得到的。更确切地说,在 60 岁以后,巴菲特才拥有其中 570 亿美元。

巴菲特的秘诀主要是时间(虽然还有一些其他主要的因素)。

2. 影响回报的一个最大变量是估值,你根本不晓得估值会怎样。

未来的市场回报＝股息率＋收益增长＋/－市盈率(估值)变化

股息率目前是 2％,估计每年收益增长的合理水平是 5％,可市盈率就完全是未知数。市盈率体现人们的预感，谁都没办法知道今后大家怎么看待未来。

如果有人说"我认为大多数人 2023 年会比现在心情好 10％"，大家可能会说这人有妄想症。但如果有人这么预计 10 年内的市场回报，我们管这人叫分析师。

3. 简单通常比聪明更重要。

如果有人 2003 年买了低成本的标普 500 指数基金，到 2012 年年底，可以收获 97％ 的回报。而道琼斯瑞信对冲基金指标的数据显示，股市那些高端大气的中性对冲基金同期平均市值还缩水了 4.7％。

投资不像电脑，简单基本的方法可能比那些复杂高端的更有威力。投资也不是打高尔夫，投机者很有可能用出色的成绩羞辱某些专家、老手。

4. 股市大起大落的概率是 100％。

大多数投资者理解股票可以产生更高的长期回报，但代价是波动性更大。

1900 年以来，扣去通胀的因素，标普 500 年均回报率约 6％，最高和最低的年底收盘价之间平均差距达到 23％。所以，下次要有谁费劲解释为什么市场涨跌几个百分点，那基本上就是在解释为什么春天过了是夏天。

曾经有人问老摩根市场今后会怎样，据说他当时回答：它会波动。乍听起来，这样的回答是在敷衍搪塞，事实上绝非虚言。

5. 金融圈大多都是怪人、骗子和推销员。

大多数推销金融产品的人只对你的钱财感兴趣，因为他们可以借此收费。

金融界的所谓权威往往是那些叫唤得最响亮、最语出惊人的，即使他可能恰恰一直出错。